김치와 우메보시

風のとおる道

by 尹基

김치와 우메보시

윤기 지음

예 지

김치와 우메보시

지은이/윤기

1판 1쇄 인쇄/2001. 8. 3
1판 1쇄 발행/2001. 8. 11

펴낸곳/예·지
펴낸이/김종욱
책임편집/황경주

주소/서울시 종로구 신문로2가 89-27, 피어선빌딩 609호
전화/02-733-5442 · 팩스/02-733-5443

등록번호/제1-2893호
© 윤기, 2001
ISBN 89-89797-00-4 03040

작은 빗방울이 모여 바다를 이룹니다.

4. 움직이는 청구서

5. 기사 모음

저자의 말 : 사랑의 보따리

1.

'놈'과 '야츠'

1 '놈' 과 '야츠'

한국말에는 '놈' 이라는 말이 있다. 굳이 일본말로 한다면 '야츠' 라고 할 수 있겠지만, 이 말도 꼭 들어맞는 말은 아니다. 아무튼 상대를 깔보는 말임에는 틀림이 없다. 가끔 '야로' 쪽이 가까울 때도 있다.

한국인들은 일본인에게만 '일본놈' 이라고 하는 것은 아니다. 미국인은 '미국놈', 중국인은 '청나라놈', '되놈' 이라고도 부르기도 한다. 중국인에게도, 러시아인에게도, '놈' 을 붙여 부르곤 한다. 일본에서 흔히 쓰는 '아메상', '양키' 라는 말과 같을 것이다. 일본에 '케도우(코쟁이)' 라는 표현이 있다. 서양인에 대하여 놀리는 말이라고 생각한다.

한국에서 '놈'이라고 한다면 상대방을 업신여기는 양반의 콧대 높은 말투 정도로 보이지만, 사실은 그렇게 나쁜 의미만 있는 것은 아니다. 결국, '놈'이라고 부르는 것은 민족성의 하나라고 말할 수 있다. 또, 가끔은 '아이'라고 부르기도 한다. '어린이'라는 표현이지만 어디까지나 욕이다. '새끼'에 가까운 표현으로 '일본아이', '중국아이'라고도 부른다.

아무튼 '놈'이라든가 '아이'라는 말을 '애교와 우정이 담긴 말'이라고 해석하고 싶다.

일본인들이 사용하는 '조센징'이라는 말이 업신여기는 표현의 일종이라는 것은 알고 있다. 그러나 한국인이 '일본놈'이라고 표현하는 정도의 관대함과 애교미가 있다면 좋을 텐데…. 일본인에게 이만한 마음의 여유가 있겠는가?

나는 일본국적이지만, 한국에서 태어나고 자랐으며, 초등학교부터 대학까지 한국에서 학교를 다녔으니 '한국인이 아니라 일본인이다'라는 실감은 거의 없이 살았다고 할 수 있다.

어렸을 때, 친구들이 너는 '일본놈', '왜놈', '쪽발이'라고 놀려도 '아버지가 한국사람이니, 나는 한국사람이다'라고 생각했다. 여러 가지로 복잡하기만 했던 한국생활이었지만, 다행히 나는 윤기라는 한국이름으로 계속 통했다. 어떤 불편도 없이, 사실 나는 한국인 윤기였다.

대학입학 때, 처음으로 호적을 확인하고 한국인이 아니라 일본인임을 알고 실망했다. 하지만 그것도 잠시, 나는 한국인으로서의 존재를 부자연스럽다고 생각해 본 적이 없었다. 그러나 모든 것이 불리했다. 외국국적으로는 집도 살 수 없고, 보험도 가입할 수 없으며 어머니가 유일하게 가입해둔 생명보험도 받을 수가 없었다. 선거 때 투표자격마저 없는 서글픔을 맛보기도 했다. 아무튼 부자연스러운 제 3자 취급이었다.

나는 '일본놈'이나 '왜놈'이라는 표현에 적응되어 버렸다. 하지만, 어떤 사람이 이야기 도중에 '일본놈'이라는 말을 사용했다가 나를 잠시 쳐다본 후, '일본인', '일본사람' 등으로 말을 바꾸는 등 신경을 쓰는 경우가 있었는데, 그 편이 훨씬 고통스러웠다.

그런데, 나와는 전혀 반대의 입장도 있을 수 있다. 일본에서 태어나고, 일본에서 자라고, 일본에서 교육을 받고 일본이름으로 생활하고 있는 재일 한국인, 조선인 3, 4세들이다. 그들에게 18세가 되었으니, '외국인 등록을 해라'라고 한다면 어떤 기분이 들까? 이것은 내가 한국에서 경험한 것을 뒤집은 것이다. 그들은 자신들의 아이덴티티, 자기 자신의 정체성을 인정받을 수 있을까?

그들은 나와는 또 다른, 심한 갈등에 빠져있는 것 같다. 조국은 둘로 분단된 채 '남쪽은 한국, 북쪽은 조선'이 되어 서로 등을 돌리고 살고 있다. 조국의 말도 문화도 역사도 모르는 입장이다. 그들은 누구에게 의지하면 좋을까? 일본은 그들에게 삶의 기쁨을 안겨줄 수 있는 사회일까?

한국인으로서 살아온 내가 처음 일본에 와서 맛본 수많은 고통과 불편…. 그 안에서 '인간사회의 미래에 대하여 걱정을 했다'라고 한다면 건방진 표현일까?

세계는 변하고 있다. 과학문명이 발달하면서 세계 어디에서든 살고 싶은 곳에 가서 자유스럽게 살 수 있는 시대가 가까워지고 있다.

출입국에 심한 룰을 적용해 온 일본이었지만, 오늘날에는 많은 인종의 사람들이 들어오고 있다. 인류의 미래는 공존과 공생에 있다고 생각한다. 정말로 살기 편한 세계를 하루 빨리 만들고 싶은 마음 간절하다.

'놈'과 '야츠'! 어느 나라에도 그런 표현은 있을 것이다. 서로 그렇게 부르면서도 사이좋게 살아갈 수 있는 세계를 만들고 싶다. 누가 나에게 '일본놈'이라고 말해도 나는 화내지 않고 대답할 작정이다. "이봐요, 나는 한국놈이요"라고.

2 코스모폴리탄의 운명

　나는 국적상으로는 일본인이지만, 일본인이라고 말하기에도 어중간한 일본인이다. 목포에서 태어나 한국에서 40년이 넘도록 살아온 일본인이다. 서늘한 가을바람이 불기 시작하면 나도 모르게 절로 부르게 되는 노래는 다름아닌 한국의 동요다.

　가을이라 가을바람 솔솔 불어오니
　푸른 잎은 붉은 치마 갈아입고서
　남쪽나라 찾아가는 제비 불러모아
　봄이 오면 다시 오라 부탁하노라

태어나서 40년 이상 살아 온 나라와 고향을 버릴 수 있을까? 할 수 없는 일이다. 그러나 나의 현실은 이렇다. 일본이 총독부를 세우고 조선을 통치하던 시대, 조선인 윤치호는 일본 총독부 관리의 딸 다우치 치즈코[田內千鶴子]와 결혼하였다. 그 사이에서 태어난 사람이 나다.

어려서 친구들로부터 '쪽발이', '왜놈'이라고 많은 놀림을 받았다. 같은 한국말로 서로 이야기를 나누고 싸우기도 했던, 같은 한국인 친구들이었는데…. 그때마다 나는 '우리 아버지는 한국사람이야. 그래서 나도 한국사람이야'라며, 곧잘 싸움을 했다.

대학 입학 등록 때 호적이 필요하게 되었다. 어머니에게 이야기했더니 의외의 대답에 큰 충격을 받았다.

"네 호적은 이곳에 없다."

"제 호적이 없다니요?"

"일본인으로 되어 있기 때문에…"

"네에?"

하늘이 무너지는 듯한 충격이었다. 전신의 힘이 스르르 빠져나가고 있었다.

내가 어째서 일본인이란 말인가?

일본말도 모르고 친구도 모두 한국 친구뿐인데, 한국음식만 먹고 이 강산 밖으로 나가본 적도 없는 내가 왜, 어째서 일본인이란 말인가? 어머니가 일본인이기 때문에? 하지만 내 아버지는 엄연한 한국인이다. 그런 내가 왜 일본인이란 말인가?

어머니는 애써 눈물을 삼키며 입을 여셨다.

"윤기야, 그건 이 어미가 무남독녀 외딸이어서 너희 외할머님의 간청으로 아버지가 다우치[田內]집안으로 입적되었기 때문이란다. 너희들이 크면 귀화하려 하였지만 정부의 허가를 얻기 힘들어서… 용서해 다오."

일본말도 모르는 아들 앞에서 용서를 구하는 어머니, 어머니는 죄인처럼 몸을 웅크리고 앉아 계셨다. 나는 가까스로 정신을 가다듬었다. 가슴 가득, 어머니에 대한 원망스러움과 어머니의 슬픔이 교차하고 있었다. 눈이 부시게 흰 어머니의 저고리 어깨선이 내눈에 들어왔다.

"어머니!"

나는 어머니의 손을 붙잡고 떨리는 음성으로 외쳤다.

"어머니, 고개를 드세요. 제 고향은 목포예요. 저는 유달산과 고하도 앞바다를 보며 자랐습니다. 어머니 저를 보세요."

어머니는 고개를 숙인 채 눈물을 거두려 하지 않았다.

나는 격한 감정에 참았던 눈물이 솟구쳤다. 어머니의 두 손을 힘주어 잡았다. 고마운 어머니.

'저를 한국인으로 키워 주셔서 정말 감사합니다. 만약 제가 어렸을 때 일본인이란 사실을 말해 주셨다면 아마도 저는 일본의 하늘만 쳐다보고, 일본에 갈 궁리만 했을 겁니다. 농촌에의 꿈도, 인생의 목표도 싹트지 않았을지 모릅니다. 어머니, 이젠 괜찮아요. 안심하세요. 저는 '윤기'로 살아갈 겁니다. 저의 소중한 추억과 친구들이 있는 이곳을 버리다니요. 국적은 종이 한 장에 지나지 않아요. 서류 이상의 그 어떤 의미도 없습니다. 어머니, 울지 마세요.'

어머니의 손을 부여잡으며 나는 마음속으로 외쳤다.

국적이란 무엇인가? 국적을 구분하는 데 부계주의를 택하고 있는 나라와 현지주의를 택하고 있는 나라가 있는 모양이다. 부계주의로 본다면 파평 윤씨의 후손인 나는 한국인이어야 한다. 그런데 내가 일본인이라니.

또 현지주의는 태어난 장소를 중요시하는 제도로 미국이나 유럽이 사용하고 있다. 부모가 한국인이라 하여도 그 나라에서 태어난 아이는 성인이 되면 아버지 나라와 자신이 태어난 나라를 선택할 수 있는 기회를 주고 있다. 나는 현지주의로 보아도 한국태생이니 한국국적을 가질 자격이 있는데, 내가 일본인이라니 얼마나 별난 운명인가?

'국적은 종이에 불과하다' 라고 처음에는 대수롭지 않게 생각했으나, 많은 문제가 그림자처럼 따라 다니니 어떻게 된 일일까? 문제되는 것이 한두 가지가 아니었다. 마음이 편한 날이 없었다.

일본인 행세를 하고 일본인 이름으로 통하는 외국인도 있지만, 나는 일본인 행세를 좀처럼 할 수 없었다. 어머니가 일본인이고, 아내도 일본인이고, 국적도 일본인이니, 일본인 행세를 할 자격은 충분히 있는데 왜 그렇게 하지 못하는 것일까?

목포중학교 때, 소리 높여 부르던 교가를 흥얼거리는 사이에 나의 두 눈엔 눈물이 글썽인다. 그리고 북받쳐 오르는 한 가지 느낌. 그것은 무엇인가? 한국에는 친구들이 많이 있고, 한국의 산, 바다, 마을 할 것 없이 모든 것이 일본의 그것보다도 나에게는 친숙하다는 것이다.

일본에서 인터뷰에 응할 때는 물론, 신문, TV, 그리고 내가 발행하고 있는 회보에도 나는 '윤기'라는 한국이름을 사용하고 있다. 이런 나를 보고 일본인이라고 인정해 주는 일본인은 없다. 1982년 일본에 온 이래 계속 한국인 행세를 한 셈이다.

그런데 재일 한국, 조선인을 위한 노인복지시설 '고향의 집' 증축 준공식 때였다. 어느 재일 교포가 진지한 얼굴로 나에게 항의를 했다.

"윤 상, 윤 상이라고 해서 한국인이라고 생각했는데 이게 뭐야, 당신은 일본국적을 가진 일본인 아닌가. 앞으로는 한국인 행세일랑 하지도 마쇼."

참으로 송구스러울 따름이었다.

몇 년 전, 나는 한국의 법무부를 방문한 적이 있다. 한국국적을 되찾고 싶다고 했다. 담당자는 쓴웃음을 지으면서,

"죄송합니다. 마음은 이해가 됩니다만 우리 법무부 해석으로 당신은 오리지널 일본인입니다. 당신이 태어나기 전에 당신의 아버지가 일본인 다우치 집안에 데릴사위로 입적했기 때문에 당신도 틀림없는 일본인입니다. 귀화의 길은 있습니다만, 한국에서 5년간 계속해서 사신 분이 아니면 신청자격이 없습니다."

"태어나서 일본 가기 전까지 40년도 넘게 살았는데요."

"지금은 일본에서 거주하고 계시죠? 다시 한국으로 오셔서 생활하신 후 신청하십시오. 또 그때는 부인도 함께 하시는 것이 의무조항입니다."

그렇게 말한 그는 미안한 표정이었다. 나도 모르게 웃음이 나왔다. 기가 막혔다. 한국인이라고 생각하고 있는데 오리지널 일본인이라니…. 이것이 지금, 코스모폴리탄의 한 사람인 나의 운명이다.

나는 일본에 돌아온 후 나를 잘 아는 오사카 한국 총영사관의 호적담당 유광일 영사에게 의논을 했다.

"당신이라면 길이 있습니다. 법무장관의 허가만 내려지면 간단하지요. 더군다나 신승남 검사 같은 훌륭한 친구분이 계시잖아요. 특별귀화제도입니다. 정치적으로 해결하는 방법입니다."

나는 밖으로 나와 하늘을 쳐다보았다.

"정치적이라고? 하나님!"

나는 기도하는 심정이었다. 이대로 일본인이면서, 한국인으로 살아갈까? 아니면 거꾸로 일본인도 아니고 한국인도 아닌 지구시민으로 충분하다는 생각으로 살아갈까?

앞으로 백년이 지나도 국적문제는 여전히 남아 있을 것인가?

"오, 하나님!"

혼혈아로서 바라는 것

일본인인 나의 어머니는 내가 어
렸을 때 '일본인은 친절하다, 정직
하다, 근면하다' 라는 말을 혼잣말처
럼 하신 적이 있다.

어른이 되어서 내가 만난 일본인은 어머니 말씀대로 친절
했다. 사회사업을 하고 있는 나는 항상 이것저것 부탁을 하
는 일이 많다. 언제나 도움을 받는 입장이지만 싫은 표정도
하지 않고 도와주는 경우가 많아서 마음속으로는 늘 감사
로 가득했다.

한국인 아버지, 일본인 어머니, 일본인 아내, 그리고 딸 3
대에 걸친 혼혈의 삶 속에서 살아가고 있는 나는, 아시아의

장래에 대하여 각별한 관심을 가질 수밖에 없다.

초등학교 6학년 때 담임이셨던 곽규식 선생님이 하신 말씀이 떠오른다.

"한국인과 일본인이 일 대 일로 싸움을 하면 한국사람이 이기지만 단체일 경우에는 일본인이 이긴다."

어떤 마음으로 그런 말씀을 하셨는지는 모른다. 일본을 욕한 것인지, 아니면 일본을 칭찬한 것인지….

2차 세계대전 이후 36년간의 통치에 종지부를 찍고 일본인이 철수한 다음, 이런 말이 유행했다.

믿지 마라 미국
속지 마라 소련
일어난다 일본

나는 어려서 어른들의 말을 들으면서 이해가 되지 않았다. 한국을 해방시킨 것은 미국인데, 왜 그들을 믿지 말라고 하는지 또 패전한 일본이 다시 일어선다니….

미국과 소련에 대해서는 비판적이면서, 그토록 한민족을 고통스럽게 한 일본에 대해서는 일말의 기대를 갖는 것은 무엇 때문일까? 몇십 년이라는 세월이 지나고 보니 그 유행어가 제법 그럴듯한 의미를 갖고 있는 것 같다.

그러나, 한일간에 무슨 일이라도 있을라치면 완전히 돌변해 반일감정을 나타낸다. 한국사람뿐만이 아니라 아시아 사람들의 일본을 보는 눈은 점점 험악해졌다. 그것은 일본이 경제부흥을 통해 경제대국이 되면서 아시아를 무시하는 듯한 인상을 주었기 때문이었다.

세계가 변했다. 일본을 포함한 모든 나라가 경제문제로 어려움을 겪고 있다. 내일은 어떻게 될 것인가? 어느 누구도 확언할 수 없다. 이웃나라인 일본과 한국은 어떻게 하면 좋을까? 또한 중국과는 원만히 지낼 수 있는 방법이 없을지? 그 옛날에 맺힌 원한을 말할 때가 아니다. 이제는 공존공영을 모색해야 할 때인 것이다.

4 마음의 가족

하늘에 무지개가 뜨면 내 가슴은 고동친다.

사람들은 무지개를 보면 좋아한다. 모두의 마음은 아름다워지고 가슴은 희망으로 불탄다. 무지개는 우리들 '마음의 가족'의 상징이며 꿈이기도 하다.

어릴 때 나는 돌아가신 어머니에게 '엄마는 바보야' 라고 말한 적이 있다. 인생에는 여러 가지 삶의 방식이 있는데 '왜 당신은 가도 가도 끝이 없는, 손해만 보는 이 길을 선택하셨는지요?' 라는 의구심 때문이었다. 지금은 친구들이 나에게 말한다.

"너야말로 바보다. 일본의 유력한 사람들을 많이 알고 있으면서도 합작회사 하나 정도 만들 생각은 않고 무엇하고 있느냐! 돈도 안 되는 사회사업만 하고 있으니."

그럴 때면 나는 복지란 도대체 무엇인지 30년이 넘게 이 일을 하면서도 쉽게 대답을 못 한다. 어린이부터 노인에 이르기까지 너무나 광범위하기 때문일까? 복지에 대한 개념이 사람들마다 다르기 때문일까? TV나 자동차는 형체가 있어 구체적으로 알 수 있다. 하지만, 복지는 백이면 백, 모두 생각하는 개념이 다르다.

"복지란 꿈이다"라고 나는 감히 말하고 싶다. 복지는 사람들에게 꿈을 안겨 주기 때문이다.

내가 26살에 많은 고아들이 모여 사는 공생원 원장이 되었을 때는 먹을 것, 입을 것, 모두가 부족한 상태였다. 모두들 '부족하다, 부족하다'라는 불만뿐이어서 아무것도 할 수 없던 나로서는 어딘가로 달아나고 싶었다. 그러나 끝내 달아나지는 못했다. 나는 아이들과 축구도 하고, 수영도 하고, 손을 잡고 노래도 불렀다. 아이들은 몹시 좋아했다.

"꿈을 갖자. 자본은 필요 없다. '나는 무엇이 되겠다'라는 꿈을 갖자!"

아이들은 잘 따라 주었고, 그때의 아이들이 성장해서 모두 사회의 훌륭한 일원이 되었다. 음악가가 되거나, 기술자가 되어 지금은 나를 격려해 주기도 한다. 아이들에게 정말로 필요한 것은 사랑이라는 것을 통감했다.

하지만 시설생활에서 이런 사랑은 정말 충분히 충족될 수 없었다. 불가능했다. 평등이란 미명 아래 배급이라는 것이 모든 것을 지배했다. 애정의 대상이 되어야만 할 그들이 관리의 대상이 되어 버린다. 그들은 자신만을 사랑해 주기를 기대한다. 하지만, 원장에게도 보모에게도 그것은 힘든 일이다. 모두를 똑같이 사랑해야 하니까.

한사람 한사람의 어머니, 아버지, 누나, 형이 되어 줄 방법은 없을까? 아이들의 생일을 챙기고 졸업식을 신경써 주는 소위 가족이라는 것은 있을 수 없는 것일까? 혈연, 지연을 넘어선, '마음의 가족'이라는 제도는 이런 생각에서 시작되었다.

일본에서는 많은 사람들이 참가해 주었다. 편지를 교환하고, 방문이 시작되고, 아이들과 직접 대화하고 싶어서 60세가 넘은 분이 한국어 공부를 시작하기도 했다.

아이들은 매우 기뻐했다. 편지를 기다리고, 사람을 기다리는 꿈을 갖기 시작했다. 대학에 가고 싶다는 희망도 가질 수 있었다. 결코 적지 않은 수가 그 꿈을 실현시켰다. 한국의 KBS는 《일본에서 온 편지》라는 타이틀로 한 시간 특집 프로를 방영한 일도 있었다.

그러나, 18세가 되면 자기가 살던 시설을 나가지 않으면 안 된다. 그리고 편견과 차별이라는 사회의 벽에 부딪치게 된다. 때로는 눈물을 흘리면서 돌아오곤 했다. 하지만 이제 성인이다. 성인은 성인으로서 자기 삶을 개척하지 않으면 안 된다.

가족도, 친척도, 아무도 없는 거친 파도에 내던져진 고아원 출신 아이들은 거리의 모퉁이에 쪼그리고 앉아 눈물을 흘려야 한다. 누구한테 호소를 해야 하나. 고아원을 나올 때의 각오는 대단했었는데. 다가오는 저 비구름을 피할 수는 없을까?

어머니는 살아 계실 때에 늘 이런 말씀을 하셨다.

"저 아이들이 세상에 나가서 스스로 살아갈 수 있을 때까지 보살펴주고 싶은데…."

일곱빛 고운 무지개는 어디에 있는가?

⑤ 기쁜 소식

　잠자리에 들어서 한 시간쯤 지났
을까. 전화 벨소리가 요란하게 울렸
다. 왠지 불안한 생각이 들었다. 도
쿄에서 생활을 시작한 이래, 한밤중
에 전화를 걸어오는 사람은 별로 없다.

　수화기를 드니 한국에서 걸려온 전화라고 한다.

　무슨 일이 있나? 300명이 함께 생활하고 있는 목포 공생
원, 천여 명이 교육을 받고 있는 직업훈련원에서는 크고 작
은 문제가 매일같이 일어난다. 목포에서 고하도까지의 연
락선이 너무 낡아서 '새로운 것으로 바꾸어주기를 원한다'
는 지적(知的)장애아 시설 재활원으로부터의 요청이 있었

지만, 지원을 해주지 못했다.

'혹시 그 배에 무슨 사고라도 생긴 것일까?'

사고가 생길 만한 요소는 얼마든지 있었다.

"누구세요? 이 밤중에?"

이불 속에 있는 아내는 한밤중에 걸려온 전화에 못마땅한 얼굴이었다.

전화를 건 사람은 목포공생원 원장인 청미 누나였다.

"웬일이에요? 이 밤중에….."

"좋은 소식이라 걸었지. J양이 대학에 합격했단다. 그것도 장학생으로….."

"뭐요?"

나는 뛸 듯이 기뻤다.

"해냈군요, 그 애가…."

"이곳에서는 축하하느라고 대단하단다. "

"그거야 당연하고말고요. 성대하게 축하해 주시고 칭찬도 아끼지 마세요. 내 몫까지 칭찬해 주시고요."

듣고 있던 아내도 벌떡 일어났다. 나는 본능적으로 전화번호가 적힌 수첩을 찾았다.

"어디에 전화하시게요?"

"마츠오카 씨에게 알려야지."

"일본에서는 실례예요. 한밤중이잖아요."

"축하할 일을 알리는데 밤낮을 가릴 필요없어요. 마츠오카 씨도 분명히 기다리고 있을 거요."

"그것은 한국식이에요."

"좋은 소식을 알리는데 일본식, 한국식이 어디 있단 말이요?"

나는 다이얼을 돌렸다. 결국 아내는 이부자리에서 일어나고 말았다.

"할 수 없군요. 커피라도 끓일게요."

"그거 좋군, 축배를 듭시다. 브라보."

"이웃에서 놀랄 거예요."

"목포까지 들리도록 외치겠소."

나는 흥분을 가라앉힐 수 없었다.

마츠오카 씨가 직접 전화를 받았다.

"윤입니다"라는 말이 끝나자마자 마츠오카 씨는 다급하게 물었다.

"J양이 어떻게 되었어요?"

"역시 그 아이가 마음에 걸리셨던 모양이지요?"

"그렇지요, 걱정이 되어서 죽겠어요."

"합격했습니다."

"뭐라고요?"

"그것도 장학생으로요."

"와! 살았다. 고마워요. 정말 고맙습니다. 만약에 합격하지 못하면 어쩌나 걱정했습니다."

요하네 교회의 목사, 마츠오카 씨는 '마음의 가족' 프로그램을 통해 공생원의 J양과 부모의 인연을 맺은 분으로, 그 애를 위해서 열아홉 번이나 한국에 다녀온 분이다. 맨 처음 인연을 맺었던 아이는 공부를 싫어했다. 공생원을 나가 버려 죄송하기 그지없었다. 두 번째 인연을 맺은 아이가 J양이다. 그 애가 대학에 진학한다 하여 합격을 기다리고 있었던 것이다.

나는 망설이지 않고 다음 이야기를 꺼냈다.

"그런데, 또 한 가지 좋은 일 하나 해 주시지 않겠습니까?"

"좋은 일이라니요?"

"한국에서 음악을 공부하러 온 학생이 있는데, 몇 분이 스폰서가 되어주셨으면 좋겠는데 그 중 한 분이 되어 주실 수 있을는지요?"

"윤 선생의 요청이라면 두말 할 것 없이 오케이지요."

"교회일이 어떻게 될지 모르지만 가능하면 J양의 입학식에도 참석하고 싶군요."

"그 애도 기뻐할 겁니다. 부탁드리겠습니다."

수화기를 내려놓은 내 앞에는 아내가 서 있었다. 커피 잔을 건네면서 아내는 말했다.

"당신은 정말 무엇이든지 자신의 뜻대로 일 처리를 하시는군요."

"좋은 것은, 그것이 식기 전에 마음껏 맛보는 거지. 건배합시다. J양의 대학입학을 축하하면서!"

아내와 나는 커피 컵을 쨍하고 부딪쳤다. 잠옷바람인 채로 '하나님 감사합니다!'를 외치며.

그 후, J양은 영문과를 졸업하고 일본에 와서 일본어를 배웠다. 마츠오카 씨의 도움을 받았음은 물론이다. 지금은 한국의 무역회사에 근무하고 있으며, 한 사람의 어머니가 되어 훌륭한 가정을 이루고 있다.

고아는 외롭고 슬프다고 한다. 하지만, 누가 이 아이에게 '너는 외롭고 슬픈 고아야'라고 말할 수 있겠는가?

6 치마저고리의 일본인

우리 부부가 도쿄 분교오구로 이
사한 지 한 달 정도 되었을 때였다.
벚꽃도 저버린 5월, 사와 목사님 부
부가 찾아왔다. 니시가타 교회에서
한글을 가르치고 있는데, 우리들이 도쿄에 왔다는 소식을
듣고 들른 것이다. 조용하기만 했던 우리 집은 웃음소리로
가득 찼다.

사와 목사님 부부를 만난 것은 서울에 있는 일본대사관
신년회 때였다. 우시로쿠 대사 부인인 미치코 여사는 우리
와 비슷한 경우의 부부가 있으니 소개해 주고 싶다며 사와
목사님 부부를 소개했다. 우리와 닮은 것이 아니라, 완전히

반대의 경우였다. 왜냐하면 사와 목사님은 일본인이고 부인 김영 씨는 김소운 선생의 딸로 한국인이었다.

김소운 선생이라고 하면, 일본에서도 널리 알려져 있는 『조선시선집(朝鮮詩選集)』의 저자다. 사와 목사님은 전형적인 학자타입으로, 조용하고 온화한 인상이면서 자신의 사명을 위해서는 목숨마저 바칠 수 있는 외유내강형(外柔內剛型)이었다. 한국에서는 군사정권을 비판하여 추방된 사람이었다. 반면 사와 목사님의 부인 김영 씨는 밝고, 웅변가 타입으로 집안에만 있지 못하는 활동가 타입이었다.

우리 부부는 내가 활동하는 편이며, 아내는 결코 큰소리로 이야기하는 일이 없고 항상 내 뒤에 서는 편이다.

도쿄대학을 졸업한 사와 목사님이 어떻게 한국에 올 생각을 했으며 어떤 계기로 한국여성과 결혼해 일본이 아닌, 한국에서 살고 있는지 불가사의하기만 했다.

어느 날, 우리들은 서울 도봉산 기슭에 자리한 사와 목사님 댁을 방문하게 되었다. 두 딸들은 매우 현명해 보였으며 김소운 선생의 부인인 어머니는 상당한 연령임에도 불구하고 두 눈은 생기 있게 빛나고 있었다.

그 후, 사와 목사님 부부가 목포를 방문했다.

나는 박종순 목사님 부부와 함께 공생원은 물론, 바다 건너편에 있는 고하도에도 안내했다. 같은 세대인데다 목사와 사회복지사라는 신분 때문에 자못 의기투합했다.

　이야기를 다시 돌리자면 분교오구에 있는 우리 집을 방문했을 때, 사와 목사님 부인, 김영 씨는 나에게 이렇게 말했다.

　"목포가 좁아서 서울에 올라와 큼직한 직업학교를 만들더니 이번에는 서울이 좁아서 도쿄에까지 진출하신 건가요?"

　마침 차를 내 오던 아내가 말을 받았다.

　"진출이라니요. 그런 것은 아니고요, 그저 갑작스럽게 왔을 뿐이에요."

　사와 목사님이 큰소리로 말했다.

　"그럴 리가 없어요. 윤 선생님은, 복지대학을 만들겠다는 원대한 꿈을 갖고 계셨잖아요. 말씀하지 않으셔도 저는 모두 알고 있습니다."

　나도 가만히 있을 수 없어 초등학교 3학년이 된 딸 녹이를 가리키며 말을 이었다.

　"이 아이에게 일본에 대한 것을 알려주고 싶어서입니다. 서울에 있는 일본인 학교에 보냈더니 이 아이가 묻더군요. '일본의 우체통은 어떻게 생겼어요?' 라고요. 문득 나같이 자기 어머니 나라도 모르게 크게 해서는 안 된다는 생각이 들었습니다. 어린 시절에 어머니 나라의 추억을 심어주는 것도 의미가 있다고 생각했지요. 정말 딸아이의 한마디가 쇼크였어요. 어머니는 고아들만 사랑했었죠. 한때는 어머니가 원망스러웠습니다. 그래서 결혼할 때 따뜻한 가정을 원했죠. 그런 내가 공생원이다, 아이들의 자립이다, 하고 직업훈련원 만드느라 가정을 잊어버리고 살았습니다."

"딸 때문에 윤 선생이 동경까지 오셨겠어요?"

"말도 글도 모르고 친구 한 명 없는 한국에 와서 남편하고, 고아들 뒷바라지하느라 우리 집 사람 마음고생이 많았죠. 특히 일본과 생활습관이 달라서 애로가 많이 있었어요. 그래서 이번에는 내가 10년쯤 일본에 가서 살아 주겠다고 폭탄선언을 했죠."

"그래서 녹이 어머니는 좋아했어요?"

"좋아하기는요, 혼났지요. 일본에 가려면 당신 혼자 가세요. 저는 못 가겠어요. 한국으로 시집 온 내가 어떻게 일본에 갈 수 있느냐고요. 생명처럼 소중하게 지켜온 공생원 아이들은 어떻게 하느냐고 막무가내였어요. 설득하는 데 애를 먹었죠."

"그렇다면, 윤 선생님은 무엇을 하실 겁니까?"라고 사와 목사님이 걱정스런 표정으로 물었다.

"하나님이 일을 주실 겁니다. 한국과 일본이 협력하여 아시아를 돕는 일 같은 것 말입니다."

그런 이야기를 나눈 뒤 어느 날, 아자부에 있는 한국대사관에서 사와 목사님의 부인 김영 씨를 우연히 만났다.

"어떠세요? 일본생활은?"

나는 물었다.

그녀는 두 손을 내저으며 말했다.

"정말로 답답한 곳이에요. 이곳 사람들은 조그마한 모래알 같아요."

"하지만, 사모님은 일본인과 결혼하지 않으셨습니까?"

"이런 곳인 줄 알았다면 사와 씨와 결혼하지 않았겠죠. 모두가 작은 목소리로 이야기하고 있지만, 사와 씨가 서울에서 저에게 프로포즈했을 때는 굉장히 큰 목소리였어요. 부모님들은 '절대로 반대다!' 라고 말씀하셨는데도 제가 용기를 내어 그와 결혼하게 된 것은 그의 기백 때문이었습니다. 일본인은 모두 그렇다고 생각했지요. 그런데, 이게 뭡니까? 모두가 대범하지 못하고 너무 소심하기만 해요."

나는 멍하니 듣고만 있었다. 그녀는 살짝 웃음을 띠며 말을 이었다.

"요즈음, 한국에도 고무신을 신고 다니는 사람은 없잖아요. 옛날에는 한국인의 상징 같은 것이었는데 말예요. 고무신, 그것도 흰 고무신을 신고 아무렇지도 않게 도쿄 거리를 활보하는 사람이 제 남편, 사와라는 남자입니다."

이들 부부에게는 참으로 재미있는 이야기가 많으리라는 직감이 들었다.

"사모님! 요미우리 신문사가 주최하는 '여성 휴먼다큐멘터리 대상'이라는 것이 있는데 한번 응모해 보지 않으시겠어요? 사모님이라면 반드시 대상을 받으실 거라는 생각이 드는데."

"예? 그런 게 있어요?"

나는 정색을 하며 말을 이었다.

"사실은, 일본의 작가 나오미 킨야라는 분이 있어요. 차범석 선생의 소개로 알게 되었지요. 그분은 공생원 이야기를 『봉선화 피는 언덕』이라는 연극 시나리오로 쓰셨어요. 그분이 저희 집사람에게 한국에서 생활한 경험을 소재로 도전해 보라고 권해 주셨어요. 싫다는 아내를 달래서 응모했지요. 아내는 상을 받게 되면 사회사업을 하고 있는 나에게 도움이 된다고 생각했던가 봐요. 『양이 한 마리』라는 작품이었죠. 천 명이 넘는 응모자 중에서 입상했어요. 그러나 대상은 그 해에는 해당자가 없었어요. 심사위원중에 모리 아쯔시라는 작가가 있었는데, 대상을 못 받은 게 아쉬웠다고 하시면서 한번 더 도전하라고 용기를 주더군요. 아내는 10년쯤 후에 쓰겠다고 그래요. 사모님이라면 대상을 받을 만한 작품을 쓰실 것 같아요."

그녀의 눈이 동그래졌다.

그리고 어느 날, 그녀의 남편으로부터 전화가 왔다.

"우리 집사람이 윤 선생님을 만나고 와서는 '작가가 되겠다'고 말하며 일주일 동안 집 안에만 있는데 이게 어찌된 영문인가요?"

나는 큰소리로 웃었다.

"한국에 '부전자전'이라는 말이 있습니다. 알고 계십니까? 그 아버지에 그 자식이라는 말입니다. 반대하지 마시고 협력해 드리세요. 도쿄 한복판을 흰 고무신을 신고 다닌다는 사와 목사님 얘기를 듣고 권해 본 일이니 실제 책임은 사와 목사님에게 있습니다."

둘 다 박장대소했다.

그 후, 그녀의 작품 『치마저고리의 일본인』은 요미우리 다큐멘터리 대상에 입상하였다. 우리 부부도 그 수상식에 참석해 축하해 주었다.

그 날, 나는 그녀에게 말했다.

"사모님은 한국어는 물론, 영어, 일본어도 능숙하시니 이 좁은 일본에 갇혀서, 한국인이 어떻고, 일본인이 어떻고, 편견이 어쩌고저쩌고 하실 것 없이 세계무대에 나가서 당당하게 활동해 보시면 어떠실까요? 예를 들면 국제연합의 사무총장이 되어서 분단의 고통이 어떤 것인가를 말하는 겁니다. 분단상황은 세계 어디에서고 발생할 수 있잖아요? 그러한 상황을 지혜롭게 해결할 수 있는 유능한 사무총장이 되어 주셨으면 좋겠네요."

그녀는 깜짝 놀란 표정으로 손을 저으며

"저는 그렇게 대단치 못해요."

그리고 나서 4년 후, 그녀는 스위스 주네브에 있는 세계교회협의회(WCC)의 여성 신학 스탭진으로 일하기 위해서 단신 부임하게 되었다. 레만호 근처, 니용에 살면서 그녀는 지금 글을 쓰고 있다.

사람의 운명이라는 것은 참으로 이상한 것이다. 우연히 이야기한 것을 계기로 작가가 되고, UN사무총장으로 활동해 보라는 한마디로 스위스까지 간 그녀.

어느 날 갑자기 그녀가 돌아왔다. 남편 사와 목사님이 암 선고를 받았기 때문이다. 그 후 남편은 하나님 곁으로 갔다.

『치마저고리의 일본인, 그 후』의 맺는 말에 다음과 같은 대목이 있다.

올해 2월 화풍관으로부터 『치마저고리의 일본인』 후편을 쓰도록 부탁받았을 때는 전혀 쓸 생각도 없었고 쓸 수 있으리라고는 상상도 못 했다.

부탁을 받고 나서 3일 후에, 산을 걷고 있던 중에 이것저것 생각이 나서 다음날부터 당장 쓰기 시작했다. 그리고 2주일 후, 원고를 가지러 오도록 출판사에 전화를 했더니 깜짝 놀란 모양이었다. 사실 나로서도 놀라운 일이었다.

그 뒤, 미국에 간 일, 멕시코와의 만남, 남편의 투병과 죽음, 토우지 마오카 교회에 취임, 뒤이은 회당건축, 정말로 여러 가지 일이 있었다.

이 번에 이 책을 쓰고 나서 나에게 하나의 좋은 정리가 되었다. 8년간 이 정도의 변화와 성장의 만남이 있었으니 앞으로의 8년간이 또 어떻게 될는지. 기대도 되고 부담도 느낀다. 아무튼 변화에 강한 체질인지 나는 가만히 있지를 못한다.

지금 온 세계를 무대로 활동하고 있는 그녀를 주목하고 있다. 다음은 어떤 모습을 보여 줄지. 아무튼 생명력 있는 인생이다. 우리 부부는 신앙으로 살아가는 용기를 그녀에게서 배운 것 같다. 천국의 사와 목사님은 어떤 눈으로 보고 계실까….

7 엽서 한 장

이런 이야기를 해도 좋을지 망설여진다.

한국사람들은 재일동포라면 모두 부자의 대명사처럼 생각하고 있다. 그 기대감을 송두리째 무너뜨릴지도 모르겠다.

그러나, 실태를 모르는 기대는 사상누각(砂上樓閣)에 불과하다. 그것을 바로잡아야겠다는 의무감이 나에게는 있다.

어느 해 연말에 엽서 한 장이 왔다. 망년회 안내장이었다.

'향토회'. 일본에 사는 재일 동포는 경상남북도, 제주도 출신이 약 80%, 전라남도는 10% 미만이다. 일제시대에 한반도의 동쪽 사람들은 주로 일본으로, 서쪽 사람들은 만주로 흘러들어 갔다고 한다.

처음으로 이 모임에 초청을 받은 나는 이국에서 고향사람들을 만날 수 있게 되는구나 하고 생각하니 가슴이 설레었다.

주오센 전차를 타고 아사가야로 갔다. 좀처럼 모임 장소일 성싶은 집이라고는 없었다. 역에서 내려서 한참 걸어서야 번지수를 찾을 수 있었다.

"이상하네. 주소는 맞는데 스넥바라고 되어 있어요."

"뭐가 이상해! 회원 중의 누가 경영하는 집이겠지."

"왜 성당이나 식당에서 안 모이죠?"

"다 이유가 있어서…."

"무슨 이유인데요?"

"고향에서 먹던 홍어, 낙지, 소주 같은 한국 음식을 마련해 가지고 와서 오랜만에 회포를 풀려는 거야. 호텔이나 음식점을 빌리면 그럴 수가 없지 않겠어?"

"그렇군요. 나는 바에서 모이는 줄 알고 깜짝 놀랬어요."

지하는 넓지 않았으나, 안락한 분위기였다. 식탁에는 찰떡, 시루떡을 비롯하여 목포 사람들이 즐겨 먹는 음식이 가득 차려져 있었다. 우리 부부가 들어서자 모두의 시선이 집중되었다. 모인 분들 중에는 얼굴이 익은 분들도 있었고, 처음 뵙는 분들도 있었다. 나는 여러 번 머리를 숙여 인사했다.

"정식 인사는 나중에 하기로 하고, 공생원 원장 부부입니다."

부회장인 히노 씨가 간단히 소개했다. 여기저기에서 신문기사를 읽었다거나 TV에서 봤다는 말이 들려왔다. 우리는 회장단 옆으로 안내되어 자리에 앉았다. 향토 초대회장과 전 회장은 우리들의 결혼식에 참석하러 일부러 오사카까지 오셨던 분이다.

오랜만에 고향사람들끼리 모인 자리라 조금은 들뜬 분위기 속에서 농담을 섞은 이야기들이 오고갔다. 이상한 것은 모두들 한국 음식을 맛있게 먹으면서도 이야기는 일본말로 하는 것이었다. 이름도 모두 일본 이름을 사용하고 있었다.

"왜 고향사람들끼리 만난 자리인데 일본 말로 하고 일본 이름을 부를까요?"

아내는 어딘가 부자연스러워 보였는지 귓속말로 물었다.

"나중에 설명할게."

나는 아내의 말을 막았다. 그때 한 신사가 들어왔다.

"여어, 오랜만일세!"

"어서 오게."

서로를 반기는 인사가 오고간 후 누군가가 말했다.

"자네 고향에 갔다왔다지?"

"어떻게 알았어?"

"다 아는 방법이 있지. 자네, 전당포에서 대여복 빌려 입고 갔지?"

"쓸데없는 소리 하는구먼."

"부끄러운가?"

모두가 웃었다. 그 사람은 마치 벌레 씹은 듯한 얼굴로 자리에 앉았다. 나는 아내가 신경이 쓰였다. 어떻게 설명해야 할지, 하지만 다행히도 아내는 영문을 모르는 듯했다.

나에게는 대단한 충격이었다. 가난한 재일 교포의 아픈 곳을 적나라하게 보여준 이 비정한 장면. 사람들은 말한다. 일본이 부자 나라가 되었으니 거기에 살고 있는 한국인도 유복한 생활을 할 게 틀림없다고. 따라서 재일 동포들도 모두 부자일 거라고.

그러나 고향사람들에게 밥술이라도 먹는 듯이 보이기 위해 전당포에서 옷을 빌려입어야 했던 그 사람의 마음은 얼마나 괴로웠을까? 내가 여러 가지 생각에 잠겨 있는 동안 회장을 비롯해 고문 등 몇 사람의 인사가 있었고, 우리 부부가 정식으로 소개되었다.

"윤 원장, 인사말 하시지요."

모두들 침묵 속에서 듣고 있었다.

"고향이란 어머니 품속이라고 생각합니다. 서로의 어려움을 함께 나누는 정 속에 있다고 생각합니다. 선배님들의 그 정을 이어받도록 노력하겠습니다. 내년에도 연락주십시오."

간단히 인사를 끝냈다. 모임이 끝나고 돌아오는 길에 아내는 물었다.

"당신 왜 고향 음식을 별로 안 드셨어요?"

"음식을 먹을 기분이 아니었어."

"그 사람 때문인가요? 전당포에서 옷 빌려 입었다는…."

"그 사람뿐만이 아닐 거야. 더 불쌍한 사람들이 많겠지."

"더 불쌍한 사람이 누구예요?"

"전당포에서 옷 빌려 입고서라도 고향에 갔다온 사람들은 그래도 행복한 거야. 아무리 그리워도 한평생 가지 못하는 사람들이 얼마나 많겠어? 그 사람들은 고향 하늘만 바라보며 외롭게 살다가 죽게 돼. 생각하면 마음이 미어지는 일이지."

누가 부자라는 말인가? 물론 부자도 있다. 전후 일본의 평화를 유지해 주었다는 파칭코를 경영하는 사람들이 있다. 그들은 조국인 한국에 가서 교육기관을 돕거나 무언가 고향에 봉사하는 것을 최고의 삶의 보람으로 생각하고 있다. 88 올림픽 때는 백억 엔이나 모금을 해서 보내고, 그 사실을 기뻐했었다.

그러나, 나는 서글펐다. 전당포에서 옷을 빌려 입고 멋진 시계도 차고 결코 가난한 생활과는 인연이 멀다는 듯 부티 나는 얼굴을 보이고 싶어하는 사람들이 얼마나 많을지.

2.

우메보시가 먹고 싶구나

죽은 지 13일 후에 발견된 주검

　인생이란 참으로 알 수 없는 것이다. 우연히 눈에 띈 신문기사가 나에게 새로운 인생의 길을 제시할 줄은 몰랐다.

　1983년, 아직 일본생활에 익숙지 못하던 때, 아내 후미에는 세이와카이라는 한국계 일본인 모임에서 강연을 했다. 통일일보가 그 강연을 취재해 자세하게 보도해 주었다. 재일 동포를 위한 신문은 몇 개 있었지만, 통일일보만이 일간지였다. 김명미 기자는 무료로 신문을 보내주었다. 비교적 상세하게 한국과 재일 동포의 실상이 실려 있었으므로 상당히 도움이 되었다.

언제나 변함 없이 신문을 뒤적거리고 있던 나는 이런 일이 있을 수 있을까 하고 놀랐다. 아이치현에서 한 재일 동포 노인이 사후 13일만에 발견되었다는 기사였다. 그리고 또 한 사람의 노인은 화재 속에서 구출되었으나 입원 끝에 사망, 유족이 없어서 그 유골은 복지사업소가 보관하고 있다는 것이다. 이 기사는 내겐 큰 충격이었다.

"일본은 고령화 사회이므로 그런 기사는 자주 있어요."

아내는 조심스러운 눈으로 나를 쳐다보며 말했다. 그러나, 나의 의문은 더해만 갈 뿐이었다. 전 세계의 정보를 가장 빨리 입수할 수 있는 일본이 아닌가. 이곳은 정글도 아니고 무인도 아니다. 한 사람의 죽음이 13일간이나 방치되어 있었다니, 웬말인가? 이것은 어쩌면 외국인이기 때문에 이런 고독한 죽음을 맞도록 방치한 것은 아닐까?

사무소에 가서 일본인 직원에게 물어 보았다.

"13일간이나 시체가 방치된 것을 어떻게 생각해요?"

직원은 가끔 있는 일이 아니냐는 듯 아무렇지도 않다는 표정이었다. 왜 그런 일에 관심을 갖느냐고 오히려 내게 묻는 듯한 표정이었다.

일본사회는 무관심의 사회가 되어 버렸구나 하고 생각하니 마음이 아팠다. 인정의 나라 한국에서는 있을 수 없는 일이다. 며칠이 지나도록 그 일은 내 머리 속을 맴돌았다.

식민지 시대에 일본에 강제 연행되어 온 한국 사람들의 실태를 조사해 보고 싶어졌다. 경제대국이 된 일본에서 살고 있는 재일동포에 대해 한국에서는 돈 많은 사람들이라고만 알고 있다. 그런데 이렇게 불쌍한 인생도 있다니…. 빌딩이 높아지면 그늘도 많아지듯이 빌딩에 가려져 가난과 슬픔 속에 살고 있는 동포가 많을 것 같았다.

일본이 고령화 사회라면 강제 연행된 그들도 고령자가 되어 있을 게 분명했다. 일본은 고령자를 위하여 여러 가지 정책을 강구하고 있다. 한국계 사람들에게는 눈길 한번 주지 않으면서.

한국계는 재일한국민단, 북한계는 조총련계로 재일 동포들은 양분되어 있다. 6·25 전쟁이라는 불행한 역사의 틈바구니 속에서 그들은 방향감각을 잃었다. 일본인은 차별의 눈으로 그들을 보고 있다. 모두가 뒤죽박죽된 운명이다. 누구 하나 돌봐주는 사람도 없는 다다미방에서 그 노인은 도대체 무엇을 외치고 싶었을까? 불쌍하다. 정말로 불쌍하다.

나카소네 총리는 주저하지도 않고 국회에서 말했다. 전후의 처리는 끝났다고.

과연 그럴까? 그 노인의 죽음을 나카소네, 당신은 어떻게 생각하는가? 전쟁의 피해자들이 이렇게 외롭게 죽어가고 있는데도 모든 것이 합리적으로 처리되었다고 생각하는가?

이렇게 두 손 놓고 가만히 있을 수 없다. 정치라든가, 경제문제라면 몰라도 고독한 노인이 아무도 모르는 사이에 죽어 가는 이런 비극은 막아야 한다.

이런 생각 끝에 일본에 한국인 전용 노인홈을 만들 것을 결심했다.

고마자와 대학의 사회복지학과 다카하시 시게히로 교수와 의논해 보았다.

"좋은 일이지만 현실은….."

그는 말끝을 흐렸다.

일본기독교 전도협력회 회장이며, 메이지학원 대학총장을 지낸 시마무라 기카쿠 선생을 찾아갔다. 선생은 도쿄의 후지미조 교회의 목사님으로 계셨다.

"나에게는 힘이 없네. 그러나, 하나님께서 원하시는 일이라면 가능할 것이네. 기도하세."

내 두 손을 잡으시며 '모두 좋은 일이다. 당신이라면 해낼 수 있을지 모른다'며 격려해 주셨다.

그러나, 후생성이나 지방자치단체가 협력해 줄지 걱정스러웠다. 마침, 그 때 작가인 한운사 선생이 찾아오셨다. 휴머니즘에 철저한 그는 두 손 들어 찬성해 주리라고 생각했다. 하지만 반응은 너무나 의외였다.

"발상은 순수하고 아름답네. 그러나, 힘이 없으면 안 되는 일이네. 자네는 집 한 채, 땅 한 평도 없지 않은가. 자네가 목포에서 서울에 올라와서 직업훈련원을 만들 때와는 다르네. 한국에서는 실적도 있었고, 역사도 있었네. 또 박수를 보내주는 대중도 있었네. 그러나, 일본은 다르지. 국민성은 친절하지만 한국처럼 뜨겁지 않네. 매우 어려운 일일 것 같네."

선생은 담배에 불을 붙이고 한 모금 연기를 뱉으시더니 생각에 잠기셨다.

나는 실망했다. 식민지 시대에 학도병으로 끌려와 온갖 쓰라린 경험을 기록한 『현해탄은 알고 있다』라는 작품을 발표해 대단한 인기를 끈 지일파(知日派)다. NHK의 가와바다 마사미치 씨의 소개로 한 선생을 알게 되었는데 무슨 일이든 나에 대해서 관심을 가져준 분이다.

한남동의 소녀직업전문학교의 강당에는 한 선생의 휘호가 걸려 있다.

소녀야, 무엇을 두려워하느냐.
네가 꿈을 가지고 열심히 달려가면
반드시 행복으로 가는 길이 있단다.
          -그대의 편, 한운사

암사동의 직업훈련원 준공식 때에, '강철 같은 의지'를 원훈(院訓)으로 살도록 권했던 선생이 무엇 때문에 나의 계획에 대해서 냉담한 걸까? 외로움을 느꼈다.

"선생님!"

나는 반항하듯 선생님을 불렀다.

"저는 반드시 이 꿈을 실현시키겠습니다. 다리 밑에서 떨고 있는 7명의 거지들과 생활을 함께 한 거지대장의 아들입니다."

　선생은 묵묵히 담배연기만 내뿜었다. 헤어지면서 나는 생각했다. 백분의 일이라도 가능성이 있다면 기꺼이 나를 도와주실 분인데. 불가능이라고는 말씀하시지 않았지만, 고생만 하고 성과가 없다면 어쩌나 하고 나를 걱정해 주시는 표정이었다.

　오차노미즈에서 분교구 니시카타마치까지 터벅터벅 걸었다. 거리에는 많은 사람들이 오고 갔다. 나는 한없는 외로움을 맛보면서 하늘을 향해 절규했다.

"일본! 1억 2천만 명의 사람이 살고 있지 않는가. 너희들은 친절하고 근면하고 정직하다고 어머니에게서 들었다. 너희들에게도 노인은 소중하다는 생각이 남아 있을 게 틀림없다. 그래서 여러 가지 노인을 위한 일들을 하고 있지 않는가? 아무리 세상이 말세에 가까워졌다고 해도 같은 일본의 하늘 아래 살아온 재일 한국인 노인들이 기뻐하는 노인홈을 만들고 싶다. 도와 주라! 이해해 주라!"

나는 정직하게 도전할 것이다.

먼저 일본사회에 또 하나의 고령문제가 있다는 것을 알리자. 이것은 재일 한국인만의 문제가 아니다. 일본 지역사회의 문제이기도 하다. 아니, 더 나아가 결국은 전 인류의 문제이기도 하다.

9 노인홈 건설

신념이 쌓이면 하나의 활성화된 에너지 같은 것이 된다. 배출구가 필요하다. 나는 생각을 정리해 보았다. '재일 한국인 노인홈 건설을!' 이라고 제목을 붙였다.

아내는 걱정하였지만, 나는 이 원고를 가지고 일본정부의 후생성을 찾아갔다. 츠지 과장은 신중한 표정이었다.

"한국인 전용이라는 점이 문제일 것 같습니다. 한국인 전용을 허락한다면 하나의 전례가 생기게 되어 미국사람도 중국사람도 희망할 것이니까요."

"저는 특별하게 허가해 달라는 의미는 아닙니다. 일본의 사회복지법과 노인복지법의 기준에 의해 신청을 하려고 합니다. 저도 한국에서 사회복지법인을 운영하고 있습니다. 한국의 공무원도 전례를 만드는 것을 좋아하지 않아요. 김치를 먹거나 한글을 사용하는 직원을 배치하고 아리랑을 부를 수 있도록 하는 것은 법인 특유의 운영방침으로 가능하다고 봅니다. 오늘 제가 이렇게 찾아 뵌 것은, 일본의 복지제도가 잘못되었다든가, 투쟁하기 위해서 온 것이 아니라 나의 생각을 신문에 발표하게 되면 담당과장이 모르고 계시면 폐를 끼칠 것 같아서 사전보고 차 온 것입니다."

"감사합니다, 글의 내용은 문제가 없습니다."

의외의 발상이라고 생각하는 것 같았지만, 복지정신으로 보면 역시 통하는 것이 있는 듯하였다. 후생성으로서는 이의가 없다는 태도였다.

다카하시 시게히로 교수에게 정리한 글을 보여 주었다.

"이것은 잘 될 것 같네. 신문에 알리도록 하세!"

"어느 신문사가 좋을까?"

"이 내용 같으면 아사히신문에 투고해 보게. '논단'이란 난이 있네."

가슴이 두근거렸다. 과연 아사히신문이 내 글을 실어 줄까? 예전에 목포공생원을 방문해 준 시미즈 기자가 있기는 하다.

나는 그에게 투고사실을 털어놓았다. 그리고 반신반의의 며칠이 지난 어느 날, 시미즈 기자로부터 담당자가 흥미로워 한다는 전화가 걸려왔다.

"윤 상의 이름은 윤기입니까? 윤키입니까?"

"윤기라고 부릅니다."

"일본명 다우치 모토이(田內基)라고 하는 것이 어떨지요?"

"역시 한국명으로 하고 싶군요. 윤기로 한다고 해서 일본인이 싫어하지는 않겠지요. 기뻐할 리도 없겠지만 나의 아이덴티티가 윤이므로 그쪽이 마음 편합니다."

"예, 알겠습니다."

그리고 '논단'에 글이 실렸다. 1984년 6월 18일, 월요일 조간신문이었다. 나의 사진까지 실려 있었다. 논단을 본 순간 나는 내 몸이 도쿄 하늘에 높이 떠 있는 듯한 흥분을 맛보았다. 모든 일본인이 나를 올려다보고 있는 것 같은 착각이 들었다.

아내는 "당신 존경할 만한 남편이에요"라며 나에게 힘을 심어 주었다.

'논단' 내용은 「재일 한국인 노인홈 건설을!」이라는 제목에 '고국과 비슷한 환경에서 생활하게 하고 싶다'라는 부제가 붙어 있었다.

최근 아이치현에서 일어난 재일 한국노인 두 사람의 고독한 죽음. 한 사람은 사후 13일이 지나서 발견되고, 또 한 사람은 화재를 당해 병원에 실려가서 사망했지만, 친척이 없어서 그 유골은 복지사무소가 보관하고 있다는 슬픈 이야기이다. 이 두 가지의 사건은 재일 한국인 사회에 커다란 쇼크를 던짐과 동시에 고령화 문제에 대한 불안을 안겨주었다. 급속한 속도로 고령화 사회에 돌입하고 있는 일본 안에서 결코 잊어서는 안 되는 것이 재일 한국인의 고령화이다.

일본의 전시(戰時)정책에 의해서 일본에 오게 된 한국인 1세들은 이미 상당히 노령화되어 70세 이상만 해도 약 1만 명으로 추정된다. 그 중에서 약 1천 4백 명이 경제적으로도 가정적으로도 혜택받지 못한 채, 노인홈 입소가 긴급하다고 한다. 재일 동포는 총수 70만 명이라는 숫자에서 알 수 있듯이 일본인의 고령화와 함께 계속 증가해, 문제화될 것임은 분명하다.

일본의 복지는 생활보호비 지급, 노인홈 입소 등 재일 한국인들에게도 차별 없이 시행되고 있지만 재일 한국인에 대한 노인대책은 그것으로 충분하다고 할 수 있을까? 그렇지 않다.

왜냐하면, 노인홈의 문은 열려 있다고 하지만, 양국의 긴 역사 속에서 생긴 뒤얽힌 감정이나, 생활양식의 차이 등으로 인해 재일 한국인의 상당수는 현재의 노인홈에 들어가고 싶어하지 않는 경향이 있기 때문이다. 그것이 단순한 고집이라고만 단정할 수 없을 만큼 양국 사이에는 깊은 역사의 상처가 있다는 것을 부정할 수는 없다.

조선총독부 관리의 딸이었던 어머니는 7살 때부터 한국에서 자랐다. 26살 때 목포에서 고아들을 위하여 초라한 시설을 만들어 헌신하고 있는 한국인 전도사 윤치호와 결혼, 6·25전쟁으로 남편의 소식이 끊긴 뒤에도 고아들과 함께 한국에서 살 것을 결심한 어머니는 한국말을 사용하고 항상 치마저고리를 입고 계셨다. 50년간을 한국에서 사시고 고아들의 어머니라 존경받으며 어머니는 한국인이 되어 있었다.

하지만 병으로 쓰러져서 희미해져가는 의식 속에서 나에게 한 말은 일본말로, "우메보시가 먹고 싶다"였다. 그런 말을 하게 한 것은 고향인 고치를 생각하는 마음이었을까? 아니면 끊을 수 없는 민족의 피였을까?

재일 한국인의 노인문제를 생각할 때, 나의 가슴은 메어진다. 그날, 그때의 어머니처럼 재일 동포 만 명의 할아버지 할머니들이 일본 땅에 묻히려고 할 때에 한국말로, "김치가 먹고 싶다"라고 꺼질 듯한 소리로 호소할 것이라는 생각이 들기 때문이다. 나는 고향에 돌아가고 싶어도 돌아갈 수 없는 재일 한국인 노인들을 위하여 동포끼리 고향에 가까운 환경 속에서 안심하고 생활할 수 있는 한국인 전용 노인홈을 건설하도록 여기에 호소한다. 내년이면 한일조약 체결 20년이 되는 지금, 한일양국이 손을 잡고 재일 한국인을 위한 노인홈을 만드는 것이야말로 참된 우호라고 할 수 있겠다.

한국의 고도, 경주에는 고독한 일본인 할머니들의 노인홈이 있다. 10년 전 창립된 이 '나자레원'에서 사용하고 있는 것은 일본어뿐이다. 각각의 방에서는 일본민요가 맘껏 흐르고, 벽에는 후지산 사진이 걸려 있어 기도하고, 남편 위패에는 향이 피워져 있기도 한다. 그리고 식사 때는 다쿠앙과 우메보시가 나온다. 거기에는 한국 복지 기관의 보호하에 고국의 관습에 따라 자유스러운 생활을 하면서 천수를 다하려는 일본노인들의 모습이 있다.

마찬가지로 일본에서 한국노인들이 온돌방에 모여 앉아서 서로 한국어를 사용하며 김치항아리가 놓여있는 고향냄새가 나는 정원에서 민요를 부르고 김치를 먹을 수 있는 그런 노인홈 건설을 하고 싶다!

- 1984년 6월 18일, 아사히신문

10 반달 할머니

며칠 후 한복을 곱게 입은 할머니
한 분이 사무실로 찾아왔다.

"저는 이마무라 히데코라고 합니
다"하고 한국어로 인사를 하셨다.
품위 있고 상냥해 보이는 인상이었다. 그런데 다음에 이어
지는 말은 일본말이었다. "아사히신문에 글을 쓰셨던 윤 상
인가요?"

할머니는 나를 확인하고는 몹시 반가워했다.

"글 잘 읽었습니다. 그 내용은 내가 지금까지 그려오던
꿈과 꼭 같은 것이었습니다. 윤 상, 그 꿈을 실현할 수 있을
까요?"

할머니의 표정은 대단히 진지했다. 눈에는 눈물이 그렁그렁 고여 있었다.

나는 재일 동포 할머니가 아닐까 생각했다. 한복을 입고 찾아온 할머니다. 재일 한국인 전용 노인홈을 만드는 것이 자신의 꿈이었다고 말하고 있으니 그분을 재일 동포로 생각하는 게 당연했다.

"고향이 어디세요?" 나는 조심스럽게 물었다.

"윤 상, 어머니의 고향과 같지요."

"아, 시코쿠의 고치 말입니까?"

나는 의아해서 주신 명함을 다시 보았다. '반달회' 이마무라 히데코라고 쓰여 있었다. 반달이란 윤극영 선생의 유명한 동요 제목이 아닌가. 이 할머니와 무슨 관계가 있을까? 이마무라 할머니는 조금은 진정이 되었는지 조용한 어투로 이야기했다.

"고치에서 여학교를 졸업한 후 아버지가 조선에 근무하게 되어 조선, 지금 한국의 대구에서 살았지요."

"그럼, 아버지께서 일본인이세요?"

"예, 조선 총독부 대구 지역 책임자였던 것으로 압니다."

이야기로 미루어 총독부 고급 관리의 딸인 듯싶었다. 나는 예의 없게도 둥그렇게 눈을 뜨고 할머니 모습을 한 번 더 확인하고 나서 호기심 어린 표정으로 말했다.

"일본 할머니가 한국 치마저고리를 입고 다니세요?"

할머니는 웃었다. "한국 사람 만날 때는 이렇게 한복을 입고 나선답니다. 벌써 20년 전부터지요."

나는 더욱 놀랐다. 보통사람이 아니라고 느꼈다. "무슨 특별한 이유라도…?"

"하나의 예의이고 속죄 행위입니다. 일본이 조선을 침략하고 얼마나 큰 죄를 지었는지 알고 나서 정말 괴로웠지요."

할머니의 이야기는 계속되었다. 할머니가 한국에 대해 관심을 갖기 시작한 것은 여학교 시절인 17세 때였다고 했다. 같은 반 학생이었던 한국인 친구를 통해 일본이 이웃나라들에게 얼마나 큰 잘못을 저지르고 있는지를 알게 되었고 큰 충격을 받았다고 했다.

"내 인생은 그 한국 친구로 인해 새로이 시작되었다고 할 수 있지요. 나는 그 이후 한국에 대해 속죄하는 마음을 잊은 적이 없습니다. 그 동안 여러 방면에서 활동해 보았지요. 하지만 일본 사회는 참다운 반성을 보기 어려운 사회입니다."

"언젠가 크리스천 모임에서 뵌 적이 있습니다." 내가 조심스럽게 인사를 건네자 할머니는 더욱 반가워했다.

"나는 40이 넘어서 크리스천이 되었어요. 교회에서는 내 생각과 뜻을 받아주고 공감해 주었습니다. 하지만 일본 교회는 힘이 없어요. 구체적인 활동을 기대하기 어렵죠."

"이렇게 찾아주셔서 정말 감사합니다." 나는 새삼스럽게 경의를 표했다.

"반가운 건 나예요. 신문에서 김치를 먹으며 한국말을 하고 온돌에서 지내는 노인홈을 만들자는 글을 읽고 순간 꿈이 아닌가 싶었어요. 그래서 즉각 아사히신문사에 전화를 했는데 전화번호를 알려주지 않더군요."

"아마도 글 쓴 사람에 피해가 가는 일이 있을까 봐 그러는 모양입니다. 여러 종류의 사람들이 있으니까요."

"그렇겠지요. 내가 윤 상의 의견에 적극 동조하는 사람이란 걸 모두 설명했더니 이곳 주소를 알려 주었습니다."

"정말 고맙습니다. 일본인이면서 이렇게 일생 동안 한국인을 위해 마음을 다하는 분이 계시다는 것이 제게는 무엇보다도 큰 용기가 됩니다."

나는 진실로 감격했다. 치마저고리를 입은 일본 할머니의 모습은 내게 뜨거운 감동을 안겨 주었다. 할머니와의 대화는 '반달회' 이야기로 이어졌다.

"몇 년 전 한국을 방문했을 때 친구의 소개로 '반달'을 쓴 윤극영 선생을 만났지요."

할머니는 그 시가 일제 치하에서 조국의 장래와 어린이의 미래를 염려하는 마음에서 쓰여졌다는 이야기를 듣고 그

시를 더욱 좋아하게 되었으며, 지금은 반달회 회원으로 활동 중이라고 했다.

"반달회 회원은 모두 15명으로 남자는 시마무라 목사님 한 분뿐이고 모두 할머니들이지요. 우리는 반달의 노래를 즐겨 부르고 한국을 이해하기 위해 노력합니다."

60세부터 받는 연금도 모두 한국인 유학생을 위해 쓰신다고 한다.

"오래 전부터 고려 박물관을 만들려고 노력했으나 성과는 거의 없었어요. 윤 상, 정말로 한국인들이 모여 살면서 김치를 먹고 아리랑을 부르며 온돌방에서 지낼 수 있는 노인홈이 건설될 수 있을까요?"

"예, 이루어집니다, 할머니 같은 분이 계시는 한. 많이 기도해 주세요."

"그런데 혹 제가 도움이 될 만한 일은 없을까요? 비록 나이 먹은 몸이지만 힘껏 돕겠습니다."

이렇게 해서 반달 할머니, 이마무라 씨는 우리 사무실의 자원 봉사자가 되었다. 다음날부터 친구 한 분과 함께 사무실에 나온 할머니는 크리스천 중에서 도움이 될 만한 사람들의 리스트를 작성하는 일을 맡아주셨다. 젊은 사람들도 하기 어려운 일을 70이 넘은 반달 할머니들이 기쁨으로 봉사해 주신 거다.

"집에서 손자들 재롱이나 보실 연세의 노인들이 무슨 일을 하시려나 했더니 대단하시군요."

대학에서 일본 문학을 전공하며 사무실 일을 돕고 있던 유학생 한 군이 놀랍다는 듯이 말했다.

"그런 실례의 말을! 한 군, 저 할머니들 한국 말 하시는 거 모르는군."

내 말에 한 군은 얼굴이 붉어져서 허리를 숙여 인사했다.

"죄송합니다, 할머니!"

"하하하! 하하하!"

유쾌한 웃음소리가 오후의 피곤을 씻어 가는 한때였다.

세상에는 여러 종류의 사람들이 있다. 우리를 슬프게 하는 흉악한 인간의 행위가 신문에 나오지 않는 날이 거의 없다. 이마무라 할머니 같은 선량한 사람 또한 수없이 많다.

 **일본 최고의 액션스타**

아사히신문에서 전화가 왔다. '논단'을 담당했었던 분이었다.

"스가하라 분타 씨를 알고 계십니까?"

나는 고개를 갸웃했다.

"잘 모르는데요."

"《트럭기사》라는 영화를 보신 적이 있으십니까?"

"한국에서 일본에 온 지 얼마 안 돼서 보지 않았는데요…."

"그렇다면 설명이 곤란합니다만, 아무튼 일본에서는 최고 인기의 액션스타지요. 분타 씨의 부인이 윤 선생님의 글을 읽고 감격했다는 편지를 보내주셨습니다. 힘이 되어드리고 싶다는 내용입니다. 윤 선생님께 보내드리겠습니다."

덤덤한 목소리였다. 아내에게 이야기했더니 뛸 듯이 기뻐했다.

"여보, 그것은 대단한 일이에요. 분타 씨가 감동을 느끼셨다는 것은 일본인 전부가 감동한 것이나 마찬가지예요. 정말 잘 되었네요. 어머나, 좋아라. 정말로 당신은 존경할 만한 돈키호테라고 부르지 않을 수가 없네요."

편지가 왔다.

갑자기 편지를 드립니다. 무례를 용서해 주십시오.

오늘자 아사히신문 조간에서 윤 선생님의 '재일 한국인 노인홈 건설을!' 이라는 글을 읽었습니다. 가슴을 치는 감동을 느꼈습니다. 저의 부친도 조선 총독부의 관선의원을 하셨다고 들었습니다. 아버지는 경성에서 태어나셨습니다. 아버지로부터 한국음식의 뛰어난 맛, 풍경의 아름다움, 훌륭한 한국 음악에 대한 이야기를 들으면서 자랐습니다. 저는 한국을 동경하면서 자랐습니다. 최근에야 겨우 라디오, TV에서 한글강좌가 개설된 덕분에 손쉽게 한국어를 배울 기회가 생겨서 고맙게 생각하고 있습니다.

재일 한국인 노인홈의 건설은 반드시 성사시켜야만 할 일입니다. 한국에 나자레원을 만들어 주신 은혜에 대한 보답을 꼭 해야만 한다고 생각하고 있습니다.

남편에게 기사의 내용을 이야기했더니 꼭 윤 상을 돕고 싶다며 할 수 있는 일은 무엇이든지 하고 싶답니다. 윤 상은 잘 아시는지 모르겠지만, 저의 남편은 배우활동을 하고 있어 저희들이 무언가 도움을 드릴 수 있으리라 생각합니다. 뜻있는 분들을 모아 재일 한국인 노인홈 건설의 견인차가 되어주실 것을 윤 상께 부탁드립니다.

윤 상의 어머니께서 한국에서 일본인의 자랑거리라 할 수 있는 일을 하셨다는 것은 저도 아버지로부터 들었습니다. 윤 상께서 어머님의 뜻을 받들어 노인홈 건설의 중심이 되어 움직여 주신다면 저희들도 힘이 되어 드릴 수 있는 뜻있는 분들을 모으겠습니다. 아마, 오늘 신문을 보신 많은 사람들이 그러한 내용의 이야기를 윤 선생님께 하리라 생각됩니다. 잘 부탁드립니다.

—6월 18일 스가하라 분타 후미코

곧 우리들은 오차노미즈 야마노우에 있는 호텔에서 만났다. 스가하라 분타 씨 부부와 우리 부부. 검정 티셔츠의 스가하라 씨는 눈이 휘둥그레질 만큼 미남으로 호감 가는 인상이었다. 후미코 씨는 배우 부인이면, 한껏 멋을 부리고 나왔으리라 생각했는데, 의외로 너무나 수수한 분이었다. 스스럼없이 말을 걸어도 좋을 것 같은 느낌이었다.

분타 씨는 이야기를 시작했다.

"저는 윤 회장께서 하시는 일의 깊은 뜻을 이해한 것은 아닙니다. 단지, 그 논단을 읽고 아내가 너무도 감동을 했다고 하니 저도 나온 것입니다."

꾸밈이라고는 전혀 없었다.

"감사합니다."

나는 깊이 고개 숙여 인사를 표했다.

"저는 한국계 탤런트들과 가깝게 지내고 있습니다만, 야구의 하리모토(장훈) 씨가 한국에 대해서는 가장 애정을 가지고 있지요. 도에이라는 같은 회사 소속으로 저는 영화 쪽에서, 그는 야구 쪽에서 활동을 했지요. 그는 3천 안타를 기록해서 유명해졌고, 저는 액션영화 속에서 3천 명을 죽였을 정도로 많은 연기를 해서 의형제를 맺었지요."

나는 기뻤다.

"장훈 씨는 한국에서도 재일 동포들의 영웅이라 자랑스럽게 생각하고 있어요."

잠시 담소를 나눈 다음 스가하라 씨는 말투를 바꾸었다.

"저는 유명해지고 싶어서 노인홈 만드는 일을 도우려는 것은 아닙니다. 실질적인 협력자가 되고 싶습니다. 그러한 뜻을 가진 분들만 모으도록 합시다."

"도쿄와 오사카에는 재일 한국인 노인홈이 필요합니다. 부지를 확보할 수 있는 곳부터 시작할 생각입니다."

그의 눈이 반짝 빛났다.

"일본의 복지는 제도나 시설 면에서는 훌륭합니다만 복지란 무엇인가 하는 소위 정신적인 면에서는 서구에 뒤쳐졌다고 생각합니다. 스가하라 씨 같은 분이 복지란 이런 것이다라고 앞장서 주시면 계몽도 되리라 생각합니다."

"아, 그렇군요."

스가하라 씨는 크게 고개를 끄덕였다. 총명한 인상을 주는 부인이 입을 열었다.

"저는 지금 '가미나리 오야지(번개 아버지)'라는 모임에서 활동하고 있습니다. 자원봉사에 대하여 조금은 경험이 있어요. 어떻게 도와 드리면 되는지요?"

구체적이다. 나는 당황했다. 지금 어떻게 하겠다는 구체안은 아직 없었던 터였기 때문이다.

"제 아내를 사무원으로 써 주십시오."

갑작스런 분타 씨의 주문이었다. 나는 후미코 부인을 보았다. 웃고 계셨다.

"부인께서 사무실에 나올 수 있으신지요. 사무관계를 담당해 주신다면 큰 힘이 되겠습니다."

"예."

아내의 눈빛이 불안해 보였다. 일류배우의 부인을 어떻게 할 생각이냐고 항의하는 듯했다. 그러나 분타 씨는 분명히 말했다.

"구체적인 스케줄이 잡히면 아내를 통해 알려 주십시오. 제가 알고 있는 재일 한국인 기업가들도 많이 있으니까요. 큰 힘이 되리라 생각합니다."

"고맙습니다. 이번에 만드는 노인홈은 재일 한국인 고령 자를 위한 것이지만, 어디까지나 사회의 문제입니다. 일본 인의 양심에 호소할 생각입니다."

"예."

스가하라 씨는 납득이 가는 것 같았다. 나는 힘주어 말했다.

"재일 한국인 노인의 실태, 그들이 일본에 살고 싶은지, 한국에 돌아가고 싶은지를 조사해 보고, 왜 일본에 한국인 노인홈이 필요한지에 대해서 강연회라든가 세미나를 열어 이해를 넓혀 가고 싶습니다."

"좋습니다, 윤 회장의 열정에는 감격했습니다. 이야기를 서로 나눌 수 있어서 기뻤습니다. 아내가 사무실에 나가게 되면 의견을 교환해 주십시오. 작은 등불을 모아 올림픽 성 화를 만들어 세상을 밝히듯 우리 서로 힘을 합해 봅시다."

힘껏 악수를 나누었다. 역시 큰 인물이었다. 천군만마를 얻은 것 같은 마음 든든함을 느꼈다.

그 후 후미코 씨는 고향의 집이 완성될 때까지 아낌없이 도와주셨다. 스가하라 분타 씨의 힘은 위대했다. 그의 이름 덕택에 노인홈 건설에 참여해 주신 분은 상당히 많았다. 특히, 이름도 모르는 많은 일본인들의 후의는 그의 덕분이라고 생각한다. 재일 한국인 실업가들도 그의 이름을 듣고 한층 친근감을 느꼈다고 한다.

어떤 사람이 나에게 이렇게 물은 적이 있다.

"고향의 집은 스가하라 분타 씨가 건설한 것이죠?"

수많은 선의(善意)가 모아진 것이 '고향의 집'이다. 그 선의 중 가장 짙은 부분이 스가하라 씨이다.

 **우메보시가 먹고 싶구나**

도쿄생활에 적응되지 않았을 때
인 1982년의 일이다. 목포 공생원
에서 수선화 합창단이 왔다. 오사카
에서 공연을 시작한 수선화 합창단
은 이타미를 거쳐 도쿄로 왔다. 일본 소방회관에서 일본의
양호시설 와카구사 아이들과 우정이 넘치는 공연을 성공리
에 마쳤는데 NHK가 특별한 관심을 가지고 합창단을 취재
했다.

여러 가지 반응 속에 신성사의 다카하시 미요코라는 여성
이 찾아왔다.

"NHK에서 수선화 합창단을 보았습니다. 어머니 이야기

를 저희들이 출판하고 싶은데 꼭 승낙해 주십시오"라고 말했다.

"저는 일본 문장에는 자신이 없는데요."

그러나 다카하시 씨는 이렇게 말했다.

"글을 잘 쓰는 작가는 일본에서도 많이 있습니다. 우리가 원하는 것은 윤 선생님이 고아들과 함께 생활해 온 체험입니다. 문장은 서툴러도 괜찮아요. 중요한 것은 진실한 내용이에요. 한국 고아를 위해 일생을 바치신 어머니께서 병으로 쓰러졌을 때 우메보시가 먹고 싶다고 일본말로 하셨다는 이야기는 모든 일본 사람을 감동시킬 것입니다."

나는 정중히 거절했다.

그러나 그녀는 자주 나를 찾아왔고, 거의 매일 만나다시피 했다.

나는 어머니의 생애를 쓸 수 있다고 생각해 본 적은 없었다. 이런 남의 속도 모르고 그녀는 계속 찾아오는 것이다. 나 같은 사람이 글을 써서 안 팔리게 되면 출판사만 손해를 보게 될 것이다.

거절하면서도 왠지 미안해서 책방을 들러 보았다. 내 사무실이 있는 오차노미즈 기독교 학생회관의 2층 서점이었다. 깔끔하고 아름답게 디자인되어 정성이 담긴 디자인의 책들이 많이 진열되어 있었다. 그 중 우연히 책 하나가 눈에 들어왔다. 『책을 처음으로 쓰는 사람에게』라는 제목이었다.

그 책의 내용을 간단하게 요약해 보면 이렇다.

첫째, 초등학교 5학년 수준으로 글을 쓰면 된다.

둘째, 자기자신이 감동하도록 써야 한다. 자기가 감동할 수 없다면 타인도 감동할 수가 없기 때문이다.

셋째, 진실한 내용으로 써야 한다.

알기 쉽게 되어 있었다. 나 같은 사람을 위해 있는 책이라고 생각했다.

나는 전쟁이나 빈곤을 모른다는 요즈음의 아이들에게 나의 어린시절의 경험을 들려줄 필요가 있다고 생각했다.

나는 확실히 기억에 남아있는 부분부터 손을 댔다. 써 가는 중에 재미를 느꼈다. 내가 이렇게까지 어머니를 힘들게 했는가. 부끄러워할 것 없이 모든 것을 사실대로 기록하기로 결심이 섰다. 다카하시 씨는 나의 서투른 원고를 하나하나 교정해 주었다.

"이것은 멋진 이야기라서 반드시 많이 팔릴 거라고 생각해요."

어느 날 그녀는 말했다.

"TV 스페셜에서 취재할 수 있도록 힘써 보겠습니다."

꿈같은 이야기였다. 무명인 내가 쓴 글이 많이 팔릴지. 한일간의 관계도 아직은 성숙되어 있지 않고 사람 대 사람의 거리도 결코 가깝다고는 할 수 없는 실정인데 말이다.

하지만 나는 정성껏 썼다. 아내가 도와 준 것은 말할 것
도 없다. 그렇게 해서 완성된 한 권의 책을 손에 들었을 때
의 감동은 어떻게 표현해야 좋을지. 나는 너무 기쁜 나머지
내 인생이 새롭게 시작된 것 같은 기분이 들었다고밖에는
표현할 길이 없다.

다카하시 씨의 집념에는 최대의 경의를 표하고 싶다. 그
녀는 신문사, 방송사 등에 책과 함께 편지를 보냈다. 다카
하시 씨는 언론계에 많은 친구들이 있었다. 그녀와 나는 함
께 돌아 다니며 인사를 했다. 그녀의 열정에서 나는 많은
것을 배웠다.

신문에 기사가 실렸다. 그것을 읽고 있자니 내 이름이 일
본 전 국민에게 알려진 것 같은 착각에 빠졌다. 예를 들어
마이니치신문의 '저서의 주변' 이라는 코너에서는 다음과
같이 소개되었다.

한국 최남단의 항구, 목포. 지금 일본에서는 '돌아와요 부산
항에' 라는 가요가 유행하고 있지만, 그 곳에서는 '목포의 눈
물' 이 최고의 유행가이다. 이 목포에 1928년, 7명의 고아와 생
활을 같이 한 것이 민간복지시설, 목포공생원의 모체이다. 한국
인 목사 윤치호 씨가 창립자. 그를 뒷받침한 아내인 다우치 치

즈코 씨는 일본의 고치가 고향이다.

두 사람은 결혼해 6 · 25전쟁으로 한국 내에 늘어나기만 하는 고아들을 계속해서 뒷바라지했다. 6 · 25전쟁 중에 윤치호 원장은 연행되어 행방불명이 된다. 언젠가는 돌아오리라고 믿으며 치즈코 씨는 고아원을 지킨다. 결국, 윤 씨는 돌아오지 않았고, 치즈코 씨는 68년에 57세의 나이로 사망, 원아들에게 둘러싸여 목포시민장으로 장례식이 치러졌다.

"어머니는 한국의 김치를 먹고 한국말을 하고 치마저고리를 너무나도 좋아해, 몸도 마음도 정말로 한국인이었습니다. 그런 어머니가 병으로 쓰러져 '우메보시가 먹고 싶다' 라고 말씀하셨을 때, 나는 참으로 깜짝 놀랐습니다."

어머니의 뒤를 이어 원장이 된 아들 윤기[일본명 田內基] 씨는 말한다.

"목포에서 50년을 사셨지만 고치에서 사신 것은 7년에 불과합니다. 그럼에도 불구하고 그런 말씀을 하셨습니다. 나라가 무엇이고 고향이란 무엇인가. 어머니의 생애를 통해서 느낀 점은 너무나도 많습니다. 어쩌면 인생이란 아무것도 없는 벌거숭이인지도 모르겠습니다."

고아와 함께 자라났고 문제아였던 윤기 씨 자신, 대부분을 목포에서 생활하고 있으면서 국적은 어머니를 따라 일본국적이다. 최근 가끔 복지에 관한 일로 일본을 왕래하면서 일본어 회화를 마스터한 활동적인 인물로 아내 역시 일본인이다.

"하지만 다소 복잡한 심정으로 나의 아이덴티티는 목포다 라고 생각합니다." 그는 말한다. 그래서 공생원과 함께 한 어머니의 생애를 그린 이 책도 윤기 씨가 한글로 쓴 다음 그것을 아내 후미에 씨가 번역하고 있다.

성인이 되어 공생원을 나간 졸업생이 현재 1만 8천1백 2십 2명. 한국에서는 최대의 복지시설. 그리고 지금 일본에서 특히 동남아시아를 중심으로 한 '해외아동 마음의 가족운동'을 전개하기 시작한 참이다.

복지, 고아, 사랑이란 말이 사라져 가고 있는 현재에 시사하는 바가 크다.

-1984년 4월 2일자, 마이니치신문

도쿄신문 칼럼 '세필' 란에서도 다루어 주었다.

한국의 한 여배우와 영화 감독이 홍콩에서 북조선으로 끌려가 김일성 부자를 칭송하는 영화를 강제로 제작하고 있다는 사건은 수상한 점이 있다. 한국발표에 의하면 여배우는 홍콩영화의 주인공을 맡아달라고 불러냈고 전화로 유혹했다는 것이다. 감독에게는 여배우가 실종되었다라는 전화가 왔다. 세뇌와 협박으로 칸느영화제에 출품할 영화를 제작시킨다니 믿을 수 없는 일이다.

수상하기 그지없는 사건, 이것과 비교해 보면 한국의 남단 목포에 있는 복지기관 공생복지재단 회장인 윤기 씨가 쓴 어머니의 기록 『어머니여, 그리고 나의 자식들이여』-신성사 출간-

는 직접 가슴에 와 닿는 감동의 드라마이다. 어머니, 다우치 치즈코 씨는 조선총독부 관사의 딸이었다. 목포에서 고아들을 위한 초라한 시설, 공생원을 개원해 헌신하는 한국인 목사, 윤치호와 26세에 결혼. 광복후 그리고 6·25전쟁의 환난 때에는 일본인이라고 박해받았지만, 전쟁으로 남편이 행방불명이 된 후에도 혼자서 고아원을 계속 운영해 한국문화훈장을 받기도 했다. 57세로 운명했을 때는 목포시민장으로 장례식이 거행될 만큼 존경을 받았다.

폐암수술을 받은 지 얼마 안 되던 1967년 일본에서 모금활동 중에 쓰러져 병원으로 옮겨졌지만 '입원할 돈이 있다면 아이들을 위해 쓰겠다' 라고 고집해 결국 공생원으로 돌아왔다. 날이 갈수록 쇠약해져가던 어느 날, 일본말로 '우메보시가 먹고 싶구나' 라고 중얼거렸다. 윤기 씨는 깜짝 놀랐다. 치마저고리를 입고 일본 텔레비전에 출연할 정도로 완벽한 한국인이 되어 그것을 자랑스럽게 생각하시던 어머니, 4명의 자식들을 한국인으로서 키워오신 어머니가 우메보시라니. 30년 세월이 흐른 그때에 일본말을 중얼거리시다니. 고향 고치를 그리워하셨을까? 아니면 흐르는 피를 속일 수 없었던 것일까?

-1984년 4월 4일, 도쿄신문

13 　모처럼의 행복

　　어머니의 생애를 단편적으로 정리
한 책의 제목을 처음엔 '어머니는
바보야'로 붙였다. 어린 시절, 나에
게 비친 어머니의 모습은 언제나 손
해만 보는 일을 하고 있는 바보로 보였기 때문이다.

　　출판사 측은 이에 대해 생각이 달랐다.

　　"일본인은 직설적인 표현을 좋아하지 않습니다. 바보라
는 표현을 도쿄에서는 '바카〔バカ〕'라고 하고 오사카에서
는 '아호〔あほ〕'라고 하지요. 오히려 '어머니여, 그리고 나
의 자식들이여'라고 하는 것이 좋을 것 같습니다만…"

　　이렇게 해서 나의 책은 『어머니여, 그리고 나의 자식들이

여』라는 제목으로 출간되었다. 다카하시 시게히로 교수가 찾아왔다. 약간 흥분된 얼굴이었다.

"윤 선생의 책 그 중에서도 '두 개의 조국' 이라는 대목에 나는 정말로 감동했소. 이런 책은 복지를 공부하는 학생들은 물론 자원봉사자들에게도 꼭 읽히고 싶구려. 출판기념회를 열도록 합시다. 내가 책임지고 진행하겠소. 자네 도쿄 사무실 개소식도 아직 못했으니 겸사겸사 말일세."

우리 부부는 망설였다. 공생원 관계로 여러 가지 크고 작은 행사를 해왔지만, 자신의 일로 행사를 해본 적은 없었기 때문이다. 하지만, 다카하시 씨는 소리를 높였다.

"윤 선생, 이제 보통 사람들과는 다르오. 공생원의 대표로서 PR도 필요하단 말일세. 출판기념회는 내가 알아서 할 테니 맡겨주시게."

다카하시 씨가 이와자키 레이코 씨에게 전화를 했다. 어머니의 친구이자 나를 아들처럼 끔찍이 생각해 주시는 분이다.

"아, 그래…. 도심에서 소박한 장소라면 구단회관은 어떨까?"

"예, 그곳이라면 최고지요."

그렇게 해서 어렵지 않게 장소가 결정되었다.

나는 안내장을 보내면서, 미안한 생각이 들었다. 바쁘신 분들에게 폐를 끼치는 일이라는 생각이 떠나질 않았다.

그러나 행사 당일 나는 깜짝 놀랐다. 고치에서는 물론 오사카, 멀리 삿포로, 규슈에서까지도 많은 분들이 참석해 주신 것이다.

특히 고 마츠오 시즈마 일본 항공 전 회장의 미망인, 후미 씨와 다카기 사장의 참석은 각별한 감격이었다. 공생원의 근대화에 얼마나 많은 지원을 해 주셨던가.

중의원 의원이신 하라다 켄 선생, 오오기치 카게 선생, 전 주한일본대사이신 가나야마 마사히데 씨 등 한결같이 은인들뿐이셨다.

거기에, 태국, 스리랑카, 필리핀, 한국 등 아시아 각지에서 온 복지 연수생들을 비롯해서 도쿄에 와있는 공생원 출신의 많은 한국유학생들이 나보다도 훨씬 밝은 얼굴로 내빈의 접대를 도와주었다. 고치의 이와자키 레이코 씨, 오사카 자강관의 요시무라 씨의 얼굴을 보고 있자니 어느새 모든 불안이 사라지고 마음이 든든해짐을 느꼈다.

사회자는 세계 각지를 돌며 노래하는 인기스타 스가하라 씨였다.

축사의 내용은 한국고아의 어머니가 된 다우치 치즈코를 찬양함과 동시에 그 유업을 계승하고 있는 나를 격려하는 이야기였다. 따뜻한 애정이 담긴 말들이 내 가슴속 깊이 와 닿았다.

사회자인 스가하라 씨가 나를 단상으로 불렀다. 나는 긴장했다. 마이크를 손에 들고 잠시 동안 머리를 들 수 없었다. 한참이 지난 후에야 장내를 둘러보며 조용히 입을 열기 시작했다.

"한국 최남단의 도시인 목포항. 밤이 되면 밀려오는 파도 소리가 자장가로 들리는 해변가에 자리한 공생원. 제가 어떻게 해서 이곳 도쿄 한복판에서 훌륭하신 내빈 여러분을 모시고 출판기념회라는 영광을 받을 수 있는 것인지…. 저는 이 순간이 꿈만 같습니다. 만약 오늘의 이 광경을 천국에 계시는 어머니가 보고 계신다면 어떤 말씀을 하실까 생각해 보았습니다."

나는 내빈객 한분 한분의 이름을 소개하면서 감사의 뜻을 표했다. 어머니에 대한 보고를 겸하는 기분이었다.

"오늘 여러분의 격려를 명심해 공생원이 볕이 비치고 꿈이 영그는 양지가 되도록 전력을 다할 생각입니다."

장내가 조용해졌다. 나는 원래의 목소리보다 한층 더 높은 소리로 말했다.

"이 시간을 빌려서 외람된 말씀을 드리겠습니다. 지금 일본은 고령화 사회에 도래해 있습니다. 고령화 사회의 문제 해결을 위해 많은 사람들이 진지하게 연구하고 있습니다. 그런데 한국에서 자란 저의 눈에는 일본인이 잊고 지내는 또 하나의 고령화 현상이 있습니다. 일본에 살고 있는 재일 동포 1세의 연령이 어느 정도인가 알고 계시는지요? 여러분 한번 생각해 보십시오. 2차 세계대전 이전에, 징병이나 징용, 탄광갱부나 전시동원으로 일본에 오게 된 사람들입니다. 돌아가려고 해도 돌아갈 힘이 없었던 사람들입니다. 현재, 70세를 넘은 그들의 수는 2만 명을 넘었습니다. 외로움 속에서 일생을 보낸 그들은 인생의 황혼에 이른 지금 불안에 떨며 생활하고 있습니다."

다시 한 번 장내를 둘러보았다.

"저는 그들에게 고향의 정취 속에서 편안한 노후를 보낼 수 있도록 한국인전용 노인홈을 건설하고자 제창한 일이 있습니다. 이 회장을 빌려서 여러분에게 감히 말씀을 드리겠습니다. 오늘 이 모임을 재일 한국인 노인홈 건설의 발기인회를 겸한 모임으로 해 주시지 않겠습니까? 만약 찬성해 주신다면 돌아가실 때 발기인 서명을 부탁해도 되겠습니까?"

아내가 깜짝 놀라 불안한 표정을 지었다. '출판기념회에서 상상도 못 했던 발언을 하고 있네' 어찌된 영문인가 하는 얼굴이었다. 그러나 내 눈에는 모든 분들이 나의 이야기를 이해해 주는 것 같은 느낌을 받았다.

어머니를 도와주신 은인들에게 한분 한분 꽃을 드리는 순서가 되자 장내는 박수 소리로 가득 찼다.

마지막으로 주최측을 대표하여 전 주한대사 가나야마 마사히데 씨가 단상에 오르셨다. 지팡이를 사용하셨지만 여전히 건강해 보이셨다.

"전후 40년이나 되었는데, 지금까지 그 문제가 처리되고 있지 않은 것은 일본의 수치입니다. 윤기 씨가 자신의 체험을 바탕으로 오늘 제창하신 '재일 한국인 노인홈을 건설하자' 라는 것이야말로 양국의 친선을 도모하는 최상의 길이라고 생각합니다."

"건설합시다!"

바로 그때, 장내 한구석에서 소리 치는 사람이 있었다. 오사카 자강관 요시무라 씨였다. 나를 동생처럼 생각해 주시는 요시무라 씨는 매우 바쁜 분이신 데도 불구하고 오늘도 멀리서 와 주신 것이다.

가나야마 씨도 흥분하여 "힘이 나는구먼"하며 기뻐해 주셨다. 가장 기쁜 사람은 말할 것도 없이 우리들 부부였다.

스가하라 씨의 사회는 마지막을 장식했다. 그의 리드로 시작된 '이별의 노래'를 모두 손에 손을 잡고 합창했다. 그것은 하나의 정열로 뭉쳐진 커다란 태양이었다. 감격의 극치! 나의 전신은 불처럼 타오르고 있었다. 다카하시 교수와 나는 끌어안았다. 그의 우정이 이렇게 꽃을 피우다니, 역시 친구는 좋은 것이다. 아내가 다가왔다.

"걱정했어요. 출판기념회를 '재일 한국인 노인홈 발기인회'로 해버리다니요."

"그러면 안 되는 일이오?"

"그런데, 이상해요. 저는 놀라서 가슴이 두근두근했는데 다른 분들은 모두가 감동하신 것 같았어요."

"그래?"

"앞으로는 저에게는 미리 말씀해 주세요. 부부라는 것이 그런 게 아닌가요?"

"미안하오. 앞으로는 사전에 이야기하는 남편이 되도록 하겠소."

우리 가족이 도쿄에 온 이래 이날처럼 행복한 날은 없었다. 그러나, 그 기쁨은 몇 개의 준령을, 어두운 터널을 극복하지 않으면 안 되는 정말로 길고도 험한 터널의 시작이었다.

14 할머니의 고향

　한밤중에 몇 번씩 나에게 전화를 하신 할머니가 있었다. 울먹이며 외로움을 애써 숨긴 목소리.

　친척분인 김 할머니. 오사카에서 치렀던 우리들의 결혼식에서 만나 뵌 분이시다. 할머니는 12살 때 일본에 와서 20년 전에 남편과 사별, 딸이 있지만 시집을 가서, 지금은 혼자서 지내고 있다. 너무나도 외로운 할머니였다.

　한밤중에 누군가에게 전화를 할 만큼 할머니는 외롭고 고독하시나 보다고 생각하니 귀찮다는 생각도 들지 않았다. 나는 조용히 할머니의 이야기를 끝까지 들었다.

할머니는 현재 시마네현에 혼자 살고 계신다. 너무나 먼 곳이다. 그러나, 시간을 내서 꼭 한번 할머니를 위로하러 가야겠다는 것이 나의 생각이었다.

어느 날, 결심을 하고 기차를 탔다. 아내는 걱정을 했지만 혼자서 떠났다. 매우 멀었다. 일본이 좁다고 하지만, 10시간이나 걸리는 곳이었다. 도쿄에서 오카야마까지는 신칸센으로 갔다. 시속 250킬로미터로 달려도 4시간이나 걸리는 먼길. 오카야마에서 오고리까지 기차를 타고, 또 오고리에서 기차를 갈아타고 마스다까지 가야 했다.

마스다역에서 내려 전화를 했더니 반갑게 달려 나오셨다. 매우 연약한 모습이다. 여러 차례 교통사고를 당했다는 이야기를 들은 적이 있다. 막상 뵈니 너무나도 마음이 아팠다. 내가 더욱 놀란 것은 할머니가 혼자서 살고 계시는 집에 도착해서였다. 집이라고 하기에는 너무나도 허술하여 폐가에 가까웠다.

훌륭한 집에서 살고 계시리라고는 상상하지 않았다. 하지만 이것은 너무했다. 나는 멍하니 한참을 서 있었다. 사람이 살 만한 곳이 아니었다. 태풍이라도 불면 금방이라도 날아가 버릴 오두막집이었다.

그러나, 주변에는 목재랑 판자가 잔뜩 쌓여 있었다. 집을 신축하기 위해 준비해 둔 것일까? 방으로 들어가 보니 3평 정도의 방이 한 개 있고, 벽에는 큰 사진이 걸려 있었다. 돌아가신 남편의 사진이려니 하고 다가서서 보고는 깜짝 놀랐다. 북한의 수령, 김일성의 사진이었다. 밑에 '조선민주주의 인민공화국 위대한 수령 김일성 동지' 라고 쓰여 있었다.

나는 떨떠름한 기분이었다. 이 고독한 할머니와 저 사진과 무슨 관계가 있다는 말인가? 이 외롭고 가난한 할머니에게 김일성이 무슨 온정이라도 베풀었다는 말인가. 아니 베풀어주기를 기도라도 하고 있다는 말인가? 너무나도 어울리지 않는 광경이었다.

할머니는 나의 시선이 사진에서 떠나지 않는 것을 알고 설명하셨다.

"위대하신 분이니 달리는 생각하지 말아주시게. 윤 선생은 남쪽사람이니…. 사진을 내려놓는다는 것을 깜빡 잊어버리고 있었구먼."

"조총련에 가입하셨습니까?"나는 물었다.

"아주 오래전부터라네. 남편은 그곳의 간부였네. 딸도 조총련 사무실에서 일했었지만 결혼했지."

"조총련에서 무슨 도움이라도 줍니까?"

"무슨 말을. 남쪽사람들은 뭐든지 돈, 돈…. 민단은 나 같은 사람에겐 무관심이지. 그러나, 조총련 사람들은 온정이 있지. 아파서 누워있으면 반드시 위문을 와 준다네. 나 같은 가난한 사람들에게는 조총련 사람들이 훨씬 고맙지."

"가끔 모이십니까?"

"연락이 오면 나가지. 좋은 이야기를 듣기도 하고, 북한이 얼마나 발달을 했는지 아시는가. 조총련계 학교에 매년 돈을 보내주고. 전력이 남아서 전기로 쌀을 만든다는구면."

나는 쓴웃음이 나왔다. 이 할머니에게 이야기를 해야 할지 말아야 할지. '그것은 옛날 이야기입니다. 2차 세계대전이 끝났을 때 압록강에 있던 수풍 발전소에서 발전소가 없었던 남쪽으로 송전했을 때의 이야기지요. 지금은 그 발전소마저도 폭파되어 쓸모 없게 되었어요. 지금 북한은 전력 부족으로 공장 가동도 못 하고 있지요. 남쪽에는 수많은 발전소가 있답니다. 할머니, 도대체 무엇을 생각하고 계십니까?'

그것이 현실과 동떨어진 이야기라도 상관없다. 할머니는 무언가를 굳게 믿고 있었다. 그 신앙이 할머니의 생명을 지탱하고 있지는 않을까?

나는 조용히 할머니와 이야기를 나누었다.

"언제까지 외롭게 혼자 사실 생각이세요?"

할머니는 한숨을 쉬었다.

"하루도 고향을 잊은 적이 없지 . 여기는 일본방송보다도 한국방송 쪽이 잘 들리는데. 남쪽 사람들은 누구 하나

믿을 수가 없어. 사람이 사람을 죽였다는 이야기, 공무원이
나쁜 짓을 해서 붙잡히고, 학생들은 데모해서 끌려가고…….
좋은 뉴스는 하나도 없더구먼."

"매일 뉴스를 듣고 계십니까?"

"고향이 그리워서 듣고 살지."

"그럼 한번 다녀오시지 그러세요?"

"그런 말 말게."

할머니는 한숨을 쉬었다. 그리고 중얼거리듯이 말했다.

"지금은 안 돼……."

"수속은 제가 해 드리겠습니다."

"싫어."

이번에는 손을 저어 거부했다.

"위대한 수령님이 남조선과 통일에 성공하면 우리들에게
50평씩 묘지를 주신다고 말씀하셨네. 지금 가면 그것을 받
을 수 없네."

나는 내 귀를 의심했다.

"누가 그런 말을 했습니까?"

"조총련 사람들은 모두 믿고 있지."

여기까지 와서 정치 선전을 듣게 되다니, 남과 북의 거리
가 이렇게도 멀리라고는 상상도 못 했다. 그리고 무엇보다
도 슬픈 것은 고향을 그리워하며 몸부림치고 있는 사람들

에게 유일하게 기댈 수 있는 조국이 이런 모습을 하고 있으리라고는.

그날 밤, 나는 그 방에서 빠져나오고 싶은 충동에 사로잡혔다. 그러나 외로운 할머니를 두고 차마 그럴 수는 없었다. 한밤중이었다. 살풋 잠이 들었나 보다. 눈을 떠보니 할머니가 방에 안 계셔 이상한 생각이 들어 밖으로 나가 보았다. 입구 쪽에 검은 그림자가 있어 다가가보니, 몽둥이를 꼭 손에 쥐고 잠들어 있는 할머니였다.

"할머니, 감기 걸려요."

나는 할머니의 어깨를 흔들었다. 할머니는 놀라서 나를 멍한 시선으로 바라보았다.

"도둑이라도 지키셨나요?"

"응, 도둑 지켰지."

"예?"

"저기 판자와 목재가 있잖은가? 여태껏 이웃에게 도둑 맞았다네."

나는 그 이웃집의 높은 벽을 바라보았다. 어떻게 되신 것 아닐까? 나는 할머니의 손을 잡고 방으로 들어갔다.

할머니는 갑자기 방구석에 있는 서랍장을 열었다. 그리고 한 다발의 종이 뭉치를 꺼냈다. 보물이라도 되는 듯, 소중하게 어루만지시더니 종이를 풀기 시작했다. 신문지로 몇 번이나 말아 둔 그곳에서 나온 것은 한 묶음의 지폐였다.

"이런 큰돈을…. 위험하니 은행에 맡기셔야죠."

그녀는 머리를 저었다.

"이것은 고향에 있는 조카에게 줄 걸세. 일본은행에 맡겨 놓으면 내가 죽은 후, 일본 정부의 돈이 되어 버릴 거야. 고생해서 번 돈이니 고향에 보내야지…."

나는 아무 말도 할 수가 없었다.

"미안하네."

나는 가슴이 저려옴을 느꼈다.

"그러시군요."

이 할머니가 힘겹게 지고 있는 이 십자가는 도대체 누구 탓이란 말인가. 타향만리 고향을 떠나 누구 한 사람 믿을 만한 이웃마저도 없는 허허벌판에서, 외로움과 싸우며 살고 있으면서도, 떠나온 고향을 연모하며, 거기에 자신의 가장 소중한 것을 바치고 싶다는 이 진심. 이토록 고귀하고 순수한 것이 또 어디에 있겠는가. 돈은 서너 뭉치나 되었다.

다음날 아침, 나는 마스다시 복지 사무소를 찾아갔다. 그리고 이 할머니가 노인 홈에 들어갈 수 있게 해달라고 부탁을 했다. 담당 직원이 말했다.

"할머니는 매월 생활보호비를 받고 있는 분입니다. 노인 홈에는 아마 안 갈 겁니다. 개성이 강한 분이시기 때문에…."

의문이 풀렸다. 할머니가 소중하게 신문지로 싸 놓은 돈은 연금을 모아온 것이다.

헤어질 때, 나는 다시 한번 할머니에게 말했다.

"아무리 생각해도 노인홈에 들어가시는 것이 좋을 것 같습니다."

"싫어."

완고한 반응이다. 그러나 먼 곳을 바라보시면서 할머니는 혼잣말처럼 중얼거렸다.

"조선사람은 조선사람끼리 살아야지. 일본사람 흉내를 내다가는 숨이 막힐 것 같아. 천수도 다하기 전에 죽고 말거야."

돌아오는 열차 안에서 나는 몇 번이나 할머니의 마지막 말을 되새겨보았다.

"조선인은 조선인끼리 살아야지…."

이런 사람들을 위해서라도 고향의 냄새가 물씬 나는 노인홈을 만들어야만 한다. 동포들끼리 생활을 함께 하면서 김치를 먹고 따뜻한 온돌에서 자고, 아리랑이든 도라지든 그리운 멜로디를 언제든 들을 수 있는 기회를 주는 것.

이 할머니를 위해서라도 그런 시설이 꼭 필요하다. 이 일본 땅에 말이다.

다시 한번 재일 한국인 노인홈 건설의 필요성을 실감한 슬픈 여행이었다.

15 "우리는 반 쪽발이야"

닛포리에 성필숙이라는 할머니가
살고 있다. 후원자의 한 사람이다.
어느 날, 병상에 누워 계시다는 전화
가 왔다. 언제나 후원자가 되어주신
분들에게 가능한 한 인사를 드리는 것은 내가 해야 할 역할
의 하나이다.

할머니는 혼자 사시는데, 넉넉하지 않은 것 같았다. 그런
데도 후원자가 되어주셨단 말인가? 나는 위로를 해 드리고
싶었다.

"할머니, 혼자 사세요?"

"응, 혼자라네."

"이렇게 병상에 누워 계시면 외롭지 않으세요?"

"아냐, 하나님이 함께 해주시거든, 그리고 고양이도 찾아오고."

"고양이를 키우십니까?"

"아니, 시간이 되면 찾아온다네."

"무슨 말이 통합니까?"

"응, 나를 뚫어지게 바라본다네. 뭐라고 말할 수 없는 눈빛으로 말이네."

"예…."

"고양이를 기다리는 것이 낙일세."

세상에는 많은 사람들이 살고 있다. 한국이었다면 친척들이 찾아와 간병이네, 뭐네 하며 수선을 피울 텐데. 나는 슬퍼졌다.

"고향으로 돌아가시는 것이 좋지 않으시겠어요?"

"우리들은 반 쪽발이일세. 반은 일본인이 되어버렸단 말이야. 일본에서의 생활이 몸에 익어서 이제는 어찌할 수가 없네. 무엇이든지 그렇지. 은행도 그렇고, 관청도 그렇고, 한국과는 다르지. 피는 한국인이지만, 표면으로는 일본인이야. 이런 사람들을 아무리 한국 사람들이라도 반갑게 맞이해 줄 리가 없다고 생각하네."

"아닙니다. 한국에 가시면 친척, 아는 사람들이 모두 환영해 줄 겁니다."

"오랫동안 일본에 있게 되리라고는 생각도 못 했네. 10살 때 와서 지금 80살 가까이 되어 버렸으니 모든 것들이 완전히 일본 사람이나 다름없게 변해 버렸지. 부끄럽지만…."

왜 이런 사람들이 한국에 있는 고향으로 돌아갈 수 없는지는 항상 내 머릿속을 떠나지 않는 의문이었다. 그 이유의 한 실마리를 나는 이 할머니와의 대화를 통해 절실하게 느낄 수가 있었다.

할머니는 나에게 자고 가라고 하셨다. 순 한국식이다. 한국에서는 최고의 호의다. 나는 정중하게 거절하고 밖으로 나왔다.

모두가 고향을 그리워하는 마음은 가지고 있다. 그러면서도 일본에서 살아보려고 발버둥치는 이유는 이 할머니의 소박한 판단과 거의 같을 것이다. 오래 산 곳이 고향이라고 한다.

재일 동포 모두 그렇다는 인식은 나에게 있어서 소중한 것이었다. 도대체 이런 사람들에게 어떻게 접근해야 좋을지. 구름을 잡는 것과 같은 안타까움을 느낀다. 그러나 나의 결심은 이미 항구를 떠난 배다.

16 한 겨자씨만큼의 믿음

매달 한번씩 '재일 한국인 노인 홈을 만드는 모임'의 기도회가 있다.

리더는 시마무라 목사님이다. 이마무라 히데코 씨를 비롯해 사무원 등 5,6명의 작은 모임이다.

'기도'란 무엇인가? 하나님과의 대화이다. 나는 기도를 하면 항상 벌거숭이 아이로 돌아간 듯한 기분이 든다. 불가능을 가능하게 해 주시는 하나님. 불가사의한 힘을 느낌은 물론 꿈을 가지게 된다.

6시 정각에 시마무라 목사님이 오셔서 내게 봉투를 주셨다.

"뭔데요?"

"윤 선생 생일이잖아. 자, 카드야"

"아니, 시마무라 목사님, 저의 생일을 어떻게?"

목사님은 갖고 다니시는 일기장을 열어 보여 주셨다.

"전부 이런 식으로 표시해 두었네."

놀랐다. 거기에는 틀림없는 나의 이름이 기록되어 있었다. 대단하신 분이다. 카드에는 '마태복음' 중의 한 구절이 쓰여 있었다.

만일 믿음이 한 겨자씨만큼만 있으면 이 산을 명하여
여기서 저기로 옮기라 하여도 옮길 것이요.
또 너희가 못할 것이 없으리라.

목사님은 기도를 시작했다.

"주여! 주님은 저희들의 기도를 듣고 싶어하십니다. 항상 저희들 옆에 계시면서 저희들을 사랑해 주십니다. 주님의 사랑을 실천하기 위해 거지대장이 되어 어린 생명들을 구한 윤치호 선생님의 신앙, 그리고 윤 선생님의 아내가 되어 수많은 고아들의 어머니 역할을 다하신 다우치 치즈코 씨의 사랑, 짧은 인생 속에서 그분들이 그렇게 할 수 있었던 것은 주님의 덕분입니다. 감사합니다.

여기에 있는 저희들이나, 모든 일본사람들도 아무쪼록 그분들을 본받아 불쌍한 사람들을 도울 수 있도록 힘을 빌려 주십시오. 경제 대국이 된 일본, 풍요로움은 손에 넣었지만 마음은 매우 가난합니다. 우리들의 소중한 이웃이 있습니다. 재일 한국인 노인들입니다. 일생을 차별과 편견 속에서 상처투성이로 발버둥치며 살아온 그들에게 마음에 평안과 위안을 주십시오.

일본인의 마음속에 반성과 우정의 씨를 뿌려 주십시오. 조국에 돌아갈 수 없는 고독한 노인들이 일본 속에서, 고향을 가질 수 있도록 해주십시오. 고독한 그들이 주님을 믿고 의지하고 살아갈 수 있도록 신앙을 주십시오.

이 사사로운 기도가 평화의 길이 되도록 해 주십시오.

이 일을 통하여 한국과 일본이 하나의 마음이 되고, 형제가 되고, 같은 가족이 되도록 해주십시오. 산을 넘고, 강을 건너면 시련이 기다리고 있다는 것을 알고 있습니다. 어떠한 시련에도 인내와 용서로 대응할 수 있도록 해 주십시오. 누구나가 불가능하다는 일을 가능케 하시어 주님의 사랑을 사람들에게 보여 주십시오. 기도로 시작하고 겸손으로 끝날 수 있도록 해 주십시오."

두 손을 모았더니 새로운 불가사의한 힘이 생겨났다. 얼마나 멋진 기도인가. 모든 경계를 넘고 있었다. 그저 더없이 청순한 인간애의 교류이다.

　내 눈에는 눈물이 고여 있었다.

　"목사님, 정말로 감사합니다. 재일 한국인 노인홈을 반드시 만들고야 말겠습니다."

　"하나님이 도와주실 거네"라며 시마무라 목사님은 내 손을 꼬옥 쥐어 주셨다.

3.

위대한 출발

17 민단 방문

많은 힘을 빌려야만 되는 우리 부
부는 민단을 방문하기로 했다. 민단
은 도쿄 중심부에 있다. 입구에 서
있는 경비원이 직립부동자세를 하고
있었다. 마치 관청과 같은 느낌이었다.

3층에서 엘리베이터를 내렸다. 정면에 '재일 대한민국
중앙본부'라는 한글 간판이 걸려 있었다. 국화(國花)인 무
궁화도 있었다.

민단은 어떤 곳이며 무엇을 하는 곳인지 정확히 알지 못
했었는데, 안으로 들어가서는 깜짝 놀랐다. 총무국, 조직
국, 선전국, 민생국, 국제국 등의 표찰이 있어, 권위적인 조

직이구나 하고 느꼈다.

우리는 민생국장에게로 갔다. 수선화 합창단이 일본에 왔을 때에 취재해 준 한국신문의 김 기자가 맞이해 주었다.

"아사히 신문에 실린 글, 관심 있게 읽었습니다. '논단'에 실리기란 아무나 못 하는 일인데요."

"나고야에서 있었던 죽은 지 13일만에 발견된 동포노인의 문제는 민단에서도 충격이었으리라 생각합니다만…."

"재일 동포 1세는 모두 고생만 했지요. 70세가 넘는 분이 2만 명 이상입니다. 재일 동포가 70만이라고 하지만 귀화한 사람까지 합하면 일본에서 살고 있는 한국계는 100만 명 정도 됩니다."

"민단과 조총련은 어떻게 구분합니까?"

"1945년으로 거슬러 올라가지요. 해방이 되자 먼저 조총련이 조선사람은 조선총연맹으로 모이라고 해서 모두가 달려갔었지요. 참가해 보니 공산당 조직이었어요. 이래서는 안 되겠다고 새롭게 조직한 것이 민단이었습니다. 그래서 민단은 한국 국적을 가지고 있는 사람뿐입니다."

"지금, 가입자수는요?"

"재일 동포의 60% 이상이 민단에 가입하고 있지요."

나는 재일 동포 고령화 문제로 이야기를 좁혀갔다. 무슨 대책이 있느냐고 물었더니 국장은 난색을 표했다.

"솔직히 말하자면, 재일 한국인 중에는 개인적으로 성공한 사람들이 많습니다. 그러나 민단조직의 운영만으로도 벅찹니다. 수입이라고는 가입한 동포들의 단원비와 임원들의 기부만으로 운영되고 있어 운영비로도 부족한 실정입니다. 최근에는 한국정부가 주는 보조금이 일부 도움이 되고 있습니다. 예전부터 동포를 위한 노인홈이 만들어지면 좋을 거라는 생각은 하고 있었습니다만…. 민단 임원들이 이해하려면 시간이 필요합니다."

"그래도 무슨 대책을 세워야 하지 않겠어요?"

"그래서 조직을 통해서 실태 조사를 했지요. 긴급하게 양로원 입소가 필요한 노인이 1천 4백 1십 2명에 달합니다. 이 숫자는 점점 늘어만 갈 텐데…."

이것은 참으로 충격적인 숫자였다.

"오늘 좋은 이야기를 잘 들었습니다. 훗날 일본 땅 어딘가에 한국인 양로원이 세워진다면 그것은 국장님의 공으로 알겠습니다. 오늘 민단에 찾아온 보람이 큽니다."

김 기자가 화제를 바꾸었다.

"수선화 합창단, 지금도 활동을 하고 있습니까? 매우 감동적이었습니다."

"그것이 참 묘합니다."

나는 대답했다.

"한 아이 한 아이 목소리는 별 것 아닙니다. 그런데 이 아이들이 모여서 합창을 하게 되면 절묘한 아름다움을 창출해 낸단 말입니다. 같이 살기 때문에 호흡이 맞는 것 같습니다."

"그들에게 꿈을 안겨 주는 것이 소중하다고 생각합니다."

"그렇습니다. 꿈을 갖는 데는 자본이 들지 않습니다."

'꿈'에 대한 이야기가 나오자 나는 흥분하기 시작했다. 꿈은 아름다운 것. 꿈을 심어 주는 것은 최고의 기쁨이다라고 웅변가가 되어 말하기 시작했다.

아내가 나의 구두를 살짝 밟았다. 무엇을 의미하는지 알았다. 그만 가자는 것이다. 밖으로 나와서 하늘을 바라보았다. 아내가 말했다.

"생산적인 주제가 아닌 것 같아서 발을 밟아서 미안했어요."

"그래?"

"글쎄, 꿈이야기만 나오면 당신은 그냥 정신을 못 차리고 빠져든단 말이에요."

"푹 빠진다는 것은 꿈속에 있는 거나 마찬가지 아냐?"

우리는 웃었다. 재일 한국인 노인홈과 '민단'이라는 곳은 아직 거리가 있는지도 모르겠다. 사무실에 돌아올 때 우리는 조금 쓸쓸하기도 하고, 또 조금은 각오도 되어 있었지만 간단하지 않을 것 같은 무거운 기분이었다. 쉽게 되는 일은 세상에 아무것도 없다. 꼭 만들지 않으면 안 된다. 시간이 문제다.

사무실에서는 바쁘게 움직였다. 치바의 도마베지 씨로부터 전화가 왔다.

"윤기입니다만…."

"기다렸습니다. 오하라에 3만평의 토지를 소유하신 분이 계십니다. 아동시설의 원장인데 그분이 노인홈을 위하여 3천평을 제공해 주신답니다."

"오하라는 어디에 있습니까?"

"치바현입니다. 도쿄에서 1, 2시간 정도 걸리는 곳입니다."

이마무라 할머니가 말했다.

"이번 토요일에 가 볼까요. 이럴 때는 적극성이 중요하니까요."

80세가 된 이마무라 할머니가 누구보다도 의욕적이었다.

"그렇게 하지요."

도마베지 씨에게 연락한 다음 사무실 안은 활기를 띠었다.

"너무 멀지 않은가요?"

"적응되면 괜찮아요."

"너무 멀면 노인홈의 장소로는 좋지 않을 것 같은데요."

스탭진들의 의견은 가지각색이었다. 나는 생각했다. 그곳에는 아동시설이 있다고 했다. 아이들과 가장 가까운 사람은 누구인가. 나이가 들면 아이로 돌아간다고 하지 않던가. 사무실 안이 조금은 들뜬 때, 시마무라 목사님이 예고 없이 들어오셨다. 모두들 반가워했다. 나는 예의를 갖추어서 시마무라 목사님을 소개했다.

"미인들에게 둘러싸여 윤 선생은 행복하시겠구먼."

차를 마시면서 시마무라 목사님은 재미있게 대화를 이끄셨다. 우리 부부를 제외하면 그곳에 계시는 분들은 모두 60, 70대의 할머니들이셨다. 그분들을 미인이라고 하셨던 것이다. 나는 들러주신 것에 대해 감사를 드렸다.

"명령하시는 분이 계셔서 오지 않을 수가 없었어, 이마무라 씨 같은 미인도 계시고…."

"누가 명령을 하셨는데요?"

"주님이시지. 주님께서 한국인 노인홈을 만드는 것은 일본인이 한국인에게 사죄하는 길이라고 말씀하셨지. 빨리 가서 도와주라고 말이야."

모두가 어리벙벙한 얼굴들이었다.

"게다가 자네 어머니 다우치 치즈코 씨는 나와 같은 고향 사람이라네."

시마무라 목사님의 얼굴은 인상적이었다. 그분이 말씀하

시는 것을 들으면 이상하리만큼 끌리는 데가 있었다. 만면에 미소를 띠우고, 시마무라 목사님이 나를 부르셨다.

"윤 군, 내가 메이지 대학을 뒷문으로 들어가서 정문으로 나왔다는 사실을 알고 있는가?"

자신의 코를 가리키면서 말씀하셨다.

"입학시험에는 합격했었지만, 인상이 좋지 않다고 구두 시험 때 떨어졌지 뭔가. 그 이유를 알겠는가?"

목사님은 나를 바라보았다.

"아닌데요. 목사님은 인상이 나쁘지 않아. 개성도 있고 요."

"글쎄, 그런데 떨어졌단 말이야."

모두가 웃음을 터뜨렸다.

"내 얼굴이 좋아진 것은 주님을 믿기 시작하면서부터야. 인상 좋은 얼굴이 되려면 주님을 꼭 믿어야 하네."

'맞아!' 나는 생각했다. 40세가 넘으면 자신의 얼굴에 책임을 져라. 링컨이 말했던가. 그 사람이 살아온 삶이 그 사람의 얼굴을 만드는지도 모르겠다.

"실로 묘한 인연이라고 생각하네마는" 목사님은 말씀을 이으셨다.

"메이지 대학 시절 3년간 하숙을 함께 했던 무라다라는 사람이 있었네. 그의 사촌 여동생이 다우치 치즈코 씨였단 말이야. 나도 놀랐네마는 내가 신학교를 졸업했을 때 조선으로 가게 되어 있었다네. 만약에 나도 조선에 갔더라면 어떻게 되었겠나? 치즈코 씨와 결혼을 했을지도 모르는 일이잖아?"

상상일 뿐이겠지. 하지만 그와 같은 인연이 있었다면 어떻게 되었을까? 무라다 씨와의 연줄로 그럴 가능성이 전혀 없었다고는 할 수 없다.

"목사님, 모처럼 이렇게 오셨으니까, 오늘은 큰 선물 하나 주셔야지요. 한국인 노인홈 건설을 위하여 일본의 목사님 중에서 발기인이 되실 분을 추천해 주십시오."

나는 간곡히 부탁하였다.

목사님은 먼저 추천의 글을 쓰셨다. 그리고 기독교연감에서 3백 명 이상의 명단을 체크해 주셨다. 80세를 넘기신 노목사님의 작업은 감동스러웠다.

"정말로 감사합니다. 이것으로 발기인은 충분합니다."

나는 머리를 숙여 정중하게 예를 표했다.

"윤 군, 자네 용기는 대단하네. 나는 이래뵈도 일본에서는 일본 전도협력회 회장이라네. 거물 목사소리를 듣는 나를 마치 사무국 직원처럼 부려먹을 수 있는 배짱이 대단하네."

"예수 그리스도가 제자들의 발을 씻어주신 겸손과 봉사의 정신을 선생님께서 실천해 주실 거라고 생각합니다."

"하하하… 말도 잘 하는군."

목사님은 언제나 나에게 힘을 주신다. 힘이 빠져 지쳐 있을 때에도 목사님의 모습을 보면 한줄기 빛을 보는 느낌이다. 목사님은 항상 실망은 금물이라고 말씀하셨다.

"주님이 계신다. 주님께 의지하면 모두 해결해 주신다."

18 중증장애자의 대부

　도쿄와 사이다마현의 경계선에 있
는 아키츠에는 아직까지 전원 풍경
이 많이 남아 있었다. 아내와 함께
중증심신장애자 시설, 아키츠 료이
쿠엔의 쿠사노 구마기치 선생을 방문하러 갔다.

　무엇 때문에 그분을 방문할 생각을 했을까? 우리들은 리
더를 찾고 있었다. 재일 한국인 노인홈을 만드는 데 제일선
에 서서 일본사회에 호소할 수 있는 지휘자. 쿠사노 선생은
불구의 몸이면서 장애자를 위하여 헌신적인 생애를 보내고
있는 분이다. 후생성이나 복지관계자도 존경을 하고 있다.

　아키츠역에서 내려서 택시를 탔다. 창 밖으로 펼쳐지는

전경에는 국립요양소, 병원 등 복지시설이 많이 있었다. 건물은 상당히 오래 되어 보였으며, 이 시설의 오랜 역사와 전통을 말해주고 있었다.

고다카 씨가 맞이해 주었다. 예전에 쿠사노 선생과 함께 목포를 방문하신 분이다.

응접실 벽에는 천황이 방문하셨을 때의 사진, 많은 표창장, 그리고 커다란 외국 신부의 사진이 특히 눈길을 끌었다. 가까이 가서 보니 밑에 제노 신부라고 쓰여 있다. 신부는 어느 나라 사람일까? 쿠사노 선생과는 어떤 관계일까? 라는 생각을 하고 있을 때, 쿠사노 선생이 들어오셨다.

싱글벙글 웃는 모습은 소년 같은 순수함 그대로였다. 또한 말로 형용하기 어려운 숭고함을 느끼게 하셨다. 소박하면서도 자애로운 눈빛은 사람의 마음까지도 씻어 주는 것 같은 기분이 들었다. 마음에 사랑을 듬뿍 가지고 있는 사람은 저런 얼굴이 되나 보다. 빛이 서려 있는 얼굴. 나는 인사를 드렸다.

"출판기념회에 참석해 주셔서 영광이었습니다. 재일 한국인 노인홈을 만들기 위해서는 리더가 필요하기에 찾아뵈었습니다."

"오!"

선생은 기다렸다는 듯이 말씀하셨다.

"그 노인홈 말일세. 반드시 만들어야만 하네. 전국에 다섯 곳에서, 열 곳 정도는 필요하지. 한국 경주에는 나자레원이 있지 않는가. 한국인과 결혼했다가 홀로 된 일본인 부인들을 한국인들이 보살피고 있지 않는가. 참으로 고마운 일이야. 우리들에게는 면목없는 이야기지."

의자에 깊숙이 앉으시면서 쿠사노 선생은 명상에 잠기는 모습이셨다.

"내가 이 요양원을 시작한 것은 55살 때였네. 일본에 신체장애자 복지법이 생기기 전이지."

선생은 벽에 걸린 커다란 사진을 가리켰다.

"제노 신부님이신데, 나의 은인이시지. 어렸을 때 산에 올라갔다가 굴러온 돌에 맞아서 이 다리를 절단당해 불구의 몸이 되어 병원에 입원했었지. 그 때 관동대지진이 일어났어. 모두가 자기 혼자 살려고 우왕좌왕하고 있을 때, 제노 신부님이 나를 업고 피난을 해 주셨네. 그때 나는 참된 사랑이라는 것이 무엇인가를 배웠네. 새로운 인생을 시작할 수가 있었지. 나의 복지는 제노 신부로부터 배운 거야."

"예."

"자네 어머니, 다우치 치즈코 씨와 만난 적이 있네."

나는 깜짝 놀랐다.

"이 요양원을 만들기 위해서 요시다 시게루 전 수상을 찾아갔을 때지. 따님이 비서를 하고 있었는데 지금 한국 목포에서 고아원을 하고 계시는 분이 와 계신다는 것이었네. 모금 때문에…. 그때 소개를 받았었네."

"그렇습니까."

"그런데 그때 나는 자네 어머니를 도와 드릴수가 없었다네. 내 일이 바빠서 말이야. 언젠가 기회가 있으리라고 생각했는데 그렇게 빨리 세상을 떠나시리라고는…. 작년에 한국에 가서 산소를 찾아뵌 것도 그 죄값을 치르려는 뜻이었다네."

나와 아내는 숙연해졌다.

"그 당시 뵈었을 때, 실은 일본 어디의 누구를 찾아가면 기부금을 받을 수 있는지를 나는 알고 있었네. 이것도 이기적인 것일 거야. 나는 내 일에 묶여 있어 사실, 정신적인 여유가 없었지."

고백이었다.

"지금, 그 치즈코 여사의 아들 부부가 눈앞에 앉아 있으니, 참으로 인간의 운명이라는 것은 모를 일이야."

쿠사노 선생은 우리를 잠시 바라보시다가 조용히 이야기를 계속하셨다.

"자네들이 리더를 찾고 있단 말이지. 그렇지만 나는 이미 늙었네. 일선에 서서 지휘를 한다는 것은 말도 안 되네. 측

면지원은 할 수 있겠네마는 미안할 따름일세."

나는 고개를 숙였다.

"자네가 하면 되네. 부인도 일본인이고, 가능하리라 생각하네."

"선생님!"

나는 용기를 내었다.

"한국에서라면 제가 하겠습니다. 하지만 이곳은 일본입니다. 저는 일본을 모릅니다. 저에게는 그런 힘이 없습니다. 그러나 이 일은 서둘러서 해야 할 일입니다. 재일 동포 고령자들은 언제, 어디서, 어떤 식으로 세상을 떠날지 모를 일입니다. 꼭 선생님께서 힘이 되어 주십시오."

나는 물러서지 않았다.

선생은 창밖으로 눈길을 돌렸다.

"이 건물을 보게. 모두 오래 되어 썩어가고 있지 않은가? 이것을 재건하지 않으면 안 되네. 게다가 나는 사단법인 일본중증아복지협회의 이사장을 맡고 있네. 아무래도 내가 자네 노인홈에 힘을 보탤 시간이 없을 것 같아."

침묵이 흘렀다.

"실행위원의 한 사람으로서 내 이름을 넣어 주겠나? 필요할 때 연락해 주시게. 어디든지 같이 가주겠네."

이 이상 무리하게 조르는 것도 실례가 되리라는 생각이

들었다. 밀물처럼 밀려드는 절망감을 어쩔 수가 없었지만, 쿠사노 선생의 인품에 경의를 표하면서 돌아서지 않을 수 없었다.

　누구 없을까. 재일 한국인 노인홈 건설에 정열을 쏟아 주실. 그 누구는 진정 없는 것일까? 리더를 찾는 우리들의 두 번째 노력과 기대는 이렇게 해서 막이 내려졌다. 요양원의 오래 된 건물을 몇 번이고 뒤돌아보면서 쿠사노 선생의 건강과 행운을 빌었다.

19 기부에 인색한 재계

어떤 실마리가 필요했다. 그리고 힘을 얻지 않으면 안 되었다. 항상 생각은 하고 있었지만, 쉽게 용기가 나지 않았다.

하라다 켄 중의원에게 용기를 내어 다이얼을 돌려 보았다. 아내와 함께 와도 좋다는 허락을 받고 하라다 씨의 사무실을 찾았다. 사무실은 도쿄의 의원회관 밑에 있는 TBR빌딩에 있었다. 유명한 의원들의 사무실이 모여있는 곳이다.

하라다 씨의 선거구는 오사카이지만 나는 한 표도 없는 사람이다.

하라다 씨는 여느 때와 마찬가지로 우리 부부를 따뜻하게 맞이하여 주셨다.

"요즘은 어떤가?"

"예, 바쁘게 뛰어 다니고는 있습니다만… ."

"지난 번 출판기념회, 굉장하더군. 그렇게 많은 사람이 모이다니 참으로 깜짝 놀랐네."

"덕분입니다. 선생님께서 훌륭한 격려를 해 주셔서 참으로 감사했습니다."

"아무튼 잘됐어."

하라다 씨는 매우 바빠 보였다. 세련된 넥타이가 잘 어울리는, 중후한 의원의 모습이었다. 방안 가득 아름다운 꽃으로 장식되어 있어 향기로운 꽃밭에 앉아 있는 기분이었다.

"바쁘실 테니 용건을 말씀드리겠습니다. 재일 한국인 노인홈 건설에 대한 일로 찾아뵈었습니다."

"응, 그 일 말일세. 출판기념회에서 가나야마 대사가 찬성하고 요시무라 씨가 하자고 외쳤지만, 좀 힘들 거야. 우선, 일본에는 크리스천이 많지 않아. 이해해 줄 사람이 그렇게 많지 않다는 말이지."

"잘 알고 있습니다."

"재계는 기부금을 내는 일에 인색하지. 한·일의원 연맹에서 문화교류 기금을 위해 10억 엔씩 모으기로 했던 적이 있지. 한국은 1개월 이내에 돈이 모아졌지만, 일본은 2년 걸려서 겨우 2억밖에 모으질 못했다네. 그런 사람들이 재일 한국인 노인홈에 돈을 내 놓을 것 같은가?"

"저의 구상은 이렇습니다. 가능한 한 많은 분들이 참가해 주신다면 좋겠습니다만, 1년에 만 엔을 기부해 주실 분이 3만 명 정도만 된다면 가능하리라고 봅니다."

"음…."

"일본에는 크리스천이 적다고 하지만, 100만 명은 됩니다. 그리고 교회는 7천 군데나 있습니다."

"그런가?"

"로터리 클럽, 라이온스 클럽이 4천 개 있습니다. 복지시설도 5만 개나 있습니다."

"음…."

하라다 씨는 눈을 감은 채 입을 굳게 다물고 생각에 잠겼다. 나는 옆에 있는 아내를 바라보았다. 아내는 고개를 숙인 채 계속 침묵만 지키고 있었다. 잠시 후, 하라다 씨가 입을 열었다.

"자네가 그렇게 구체적으로 생각하고 있는지는 몰랐네. 내가 반대만 하고 있을 때가 아닌 듯싶네. 그러나 정치가를 너무 믿어서는 안 되네. 도움을 줄 때도 있지만, 피해를 입힐 때도 있다는 말이지."

"걱정을 끼쳐서 죄송합니다."

"하지만, 자네는 말이지… 고생을 사서 하는 감이 없지 않단 말이야. 자네 몸도 생각해야지. 젊은 나이로 공생원을 이어받아 고생하더니 그들에게 직업을 가르치는 훈련원을 서울에서 시작하고, 박정희 대통령으로부터 섬을 기증받아 지적장애자들을 위한 시설을 만들고, 이제는 또 한국도 아닌 일본에다 한국인 노인들의 집을 만들겠다니 도대체 어디에서 그런 힘이 생기나?"

"죄송합니다."

"사실 말일세. 우리들 정치가보다도 인간을 서로 사랑하고 사랑을 직접 실천하는 자네들이 훨씬 훌륭하다고 생각하네. 다만, 그것을 이해해 줄 일본인이 많지 않다는 것이 문제지. 사쿠라우치 요시오 의원과 오쿠노 세이료 의원에게는 내가 이야기를 해 둘 테니 인사를 하러 가도록 하게."

"예."

"할 수 있겠지?"

"반드시 해내고 말겠습니다."

"지켜보겠네."

"예!"

20 외교관의 세계

　나와 아내는 미타역에서 내렸다.
니노하시를 지나 왼쪽으로 돌아갔
다. 거기는 고급주택가가 있고 외교
관들의 거리로 연결되어 있으며, 근
처에는 한국민단과 총영사관과 한국
대사관도 있는 곳이었다.

　3층 높이의 검은 빌딩이 매우 품
위 있어 보였다. 그곳에 한국 연구원이 있다. 가나야마 씨
의 국제관계 공동연구소는 한국과 북한문제를 연구하고 있
는 곳이다. 항상 상냥하고 친절한 비서가 정중하게 맞이해
주었다.

　우리의 목적은 가나야마 씨에게 재일 한국인 노인홈을 만
들기 위한 지휘자가 되어 달라는 청을 드리는 것이었다. 자
강관의 요시무라 씨와 아베시로 씨도 이 일만큼은 가나야

마 씨가 아니면 할 사람이 없다고 추천해 주었다. 그러나, 이 일은 모금이라는 어려운 문제가 있어서 간단히 허락해 주실 것 같지는 않았다. 우리는 불안했다.

방에 들어가니 가나야마 씨는 돌아보시며 읽고 계시던 영자신문을 책상 위에 놓으셨다.

"자네 왔나?"

"무슨 재미있는 기사라도 있습니까?"

나는 물었다.

"응, 최근 미국에서는 말이지, 종교교육이 필요하다고 강조하고 있구먼."

"일본도 그렇게 되면 좋겠는데 말입니다… ."

"안 돼, 일본은. 아직 멀었어."

"왜 그렇죠?"

"제 3의 개국(開國)이 필요하다네. 메이지 유신을 제 1의 개국이라고 한다면, 2차 세계대전이 제 2의 개국, 이번에 필요한 것이 제 3의 개국이라는 거지. 아시아를 수용해야만 돼. 전후 40여 년이나 지났는데도 그 처리가 안 되어 있다는 것은 부끄러운 일이야."

또 시작되었다. 코스모폴리탄이다. 가나야마 씨는 스케일이 크시며 일본인의 범주를 벗어나신 분이다. 항상 그런 면을 확인해 온 우리 부부다.

"선생님께서는 일본과 외국 어느 쪽에서 더 오래 사셨습니까?"

"그건 외국 쪽이지. 아이들이 11명, 모두 외국에서 태어났네. 각각 출생지가 다르지. 그 중 바티칸에서 가장 오래 있었지. 2차 대전 후 맥아더 사령부의 포고령 제 1호로 모든 외교관은 즉시 귀국하라는 통지가 내렸지만, 나는 귀국할 수가 없었다네. 왜냐하면 아이들이 많은데다 가난뱅이 외교관이다 보니 항공료는 물론 뱃삯을 마련할 길이 없었지. 그랬더니 맥아더 사령부에서 조사관을 파견했더구먼. 그런 사정을 보고, 사령부가 항공권을 보내 주었다네."

"그 동안은 무엇을 하셨는데요?"

"바티칸에서 지냈지. 프랑스어를 번역하는 아르바이트를 했네."

전혀 뜻밖의 이야기다.

"외교는 국력일세. 국력이 없는 나라의 외교관은 고생만 하지."

"지금, 일본은 경제대국이 되었습니다. 또 어딘가 가고 싶으신 나라가 있습니까?"

"응, 북한에 가보고 싶네. 초대 대사로서 말일세. 왜냐하면 북한에 자유의 바람을 불어넣지 않으면 한반도에 평화가 오지 않을 걸세. 그것을 효과적으로 할 수 있는 것은 미국보다도 일본이 낫다고 생각하네. 그런데 일본은 그런 것은 터무니없는 일이라고 생각하고 있지."

"하지만 선생님은 이미 은퇴하셨는데, 다시 임명될 수도 있습니까?"

"글쎄, 특별한 경우가 있을 수도 있지."

"저도 북한에 가보고 싶습니다. 북한의 청소년들을 위한 기술학교를 세우고 싶습니다. 제가 그 동안 체득한 것은 청소년들의 자립입니다. 그것은 다시 말해 기술입니다. 기술을 익히면 먹고 살아갈 수 있습니다."

"자립이 얼마나 귀중한 일인가, 복지는 자립이라고 생각하네. 그렇지! 젊은이는 자립할 힘이 필요하지."

"절실히 느껴온 일입니다."

"그럼…"

가나야마 씨는 빙긋이 웃으시며

"윤 군과 함께 북에 가기로 해 볼까?"

우리들도 따라 웃었다. 항상 자식처럼 격의 없이 말씀해 주시는 분.

"그러고 보니, 도쿄대학 시절, 선생님은 나병환자를 돕는 자원봉사 활동을 하신 적이 계시지요."

"응, 내가 대학을 졸업할 때쯤, 이와시타 소우이치 신부님으로부터 세례를 받았네. 성직자가 되지 않겠느냐고 말씀하셨지만, 나는 그럴만한 그릇이 되지 못했기 때문에 외교관이 되었지. 정말로 그분은 훌륭한 분이셨지. 하꼬네의 유가와라에 나병환자를 위한 병원을 만들어 봉사와 희생의 일생을 보내셨네."

"사랑의 신부님이시군요. 대사님께선 사랑의 학생이셨구요."

"일본의 크리스천한테서는 사랑을 느낄 수가 없어. 카톨릭에서는 모든 종교와 대화를 하려고 하지만, 개신교는 그것에 반대하고 있네. 종교가 말이지, 자신의 주장만을 고집한다면 그 보편성이 성립되지 않거든. 사랑이 있다면 어떤 일이든 서로 통할 게 분명한데 말이야."

"예."

나는 시계를 보았다. 10시에 와서 이미 2시간이나 지났다. 자세를 바로 하고 나는 애원했다.

"재일 한국인 노인홈 건설은 아무리 생각해 보아도 선생님께서 지휘를 해주셔야만 될 것 같아 오늘 부탁차 찾아왔습니다."

"음."

가나야마 씨는 난감한 표정을 지으셨다.

"일본에서의 모금활동은 참으로 힘든 일일세. 어느 날 황태자님께서 부르시길래 갔더니 한국의 나자레원에 나병환자들이 있다는데 도와주라고 하셨네. 일본 재계의 중요인물을 찾아다녀 보았지. 옛날 뉴욕총영사 시절에 친교가 있었던 사람들이 대부분 본사의 사장이나 회장이 되어 있었네. 그러나, 목표액의 5분의 1도 모으지 못했네. 그래서 선박진흥회의 사사가와 료우이치 회장에게 부탁을 했지. 그래서 한국의 나자레원에 병원을 세울 수가 있었다네."

"선생님, 저는 이 사업이 일본인 양심으로 진행되기를 바라고 있습니다. 옛날, 2차 대전 이전에 일본은 한국 사람들을 데려와서 고생만 시켰고, 실컷 부려먹었고 이용했습니다. 많은 사람들이 이름도 없이 죽어간 가운데 살아 남은 사람들, 고향에 돌아가고 싶어도 돌아갈 수 없는 사람들, 나이가 들어서 의지할 곳마저 없는 그분들에게 노인홈을 만들어 편안한 여생을 보내게 해 주는 일본의 양심을 보고 싶습니다."

나는 울먹이고 있었다.

"그것은 훌륭한 발상이지만, 양심의 건설이라… 그래서 더욱 어렵네."

"노인홈 건설, 선생님의 지휘 부탁드리겠습니다."

"전력을 다해 보세."

그것은 각오했다라는 표현보다도 더욱 힘차게 들렸다. 우리 부부는 1층의 레스토랑에서 맛있는 이탈리아 요리를 대접받았다.

"선생님, 고맙습니다."

헤어지며 깊이깊이 고개를 숙여 인사하였다.

아사히신문 '논단'에 글을 발표한 이래 노인홈 만드는 지휘자를 이제야 만난 것이다.

21 산 위의 빗방울

비가 내린다. 산꼭대기에서 시작
된 빗방울들은 각기 다른 운명으로
동으로 서로 흘러간다. 움푹 패인
곳에 모여서는 작은 샘물이 되기도
하고, 계곡을 이루다가 강물이 되기도 한다. 강은 강끼리
모여 큰 강을 이루고, 큰 강이 모여 마지막으로 흘러가는
곳은 바다이다.

재일 한국인 노인홈을 만드는 일은 바로 작은 빗방울들이
모여 바다가 되는 그런 이야기다. 적어도 나에게 있어서는.

어느 날, 사무실에 들어서자마자 자원봉사자 이마무라 씨
가 보통 때와는 달리 큰 소리로 말했다.

"이 편지 보세요. 나가이라는 목사님인데, 이렇게 현금까지 보내 주셨어요. 10만 엔이나요."

편지에는 우리들의 활동을 시마무라 목사님의 편지로 알게 되었으며, 가능한 한 발기인을 많이 모아서 발기인 한 사람이 10명의 찬조회원을 모은다면 성공할 수 있으리라 믿는다는 조언이었다. 오사카의 요도가와 기독교병원 건설 모금에 참여하신 경험을 통한 의견과 친절하게 앞으로 나아가야 할 방향도 설명해 주었다. 그때는 100명의 발기인에 1구좌당 개인은 2만 엔, 법인은 10만 엔이었으나, 개인, 법인 구분은 큰 의미가 없다는 내용이었다. 도쿄에 갈 기회가 있으면 사무실에 들르겠다는 말도 덧붙였다.

지금까지 노인홈을 만들겠다, 만들지 않으면 안 된다는 의무감에 사로잡혀 이 사람 저 사람을 찾아다녔지만, 실제로 얻은 것은 무엇 하나 없지 않았는가? 이분은 정처 없이 구름 위를 방황하던 나를 지상에 정착시켜 주신 분이시다.

이마무라 씨는 감격했다.

"한국인이 가장 많이 살고 있는 오사카에서, 그것도 목사님이 관심을 갖고 계시다니 이거야말로 엄청난 일입니다. 커다란 의미가 있는 거예요. 왠지 가야 할 길이 한눈에 보이는 것 같은 느낌입니다."

어느날 나가이 목사님이 도쿄에 오셨다. 이마무라 씨와

나는 신주쿠의 커피숍으로 달려갔다. 놀랍게도 매우 연약해 보이는 체격이셨다. 바람이라도 불어오면 날아갈 듯한 모습. 그 연약한 몸 어디에 그런 힘이 있어서 우리들을 격려해 주시려는 걸까?

나가이 목사님은 보내주신 편지를 가지고 오셨다. 자신의 성공이 틀림없이 우리들에게도 참고가 되리라고 생각하며 또한 그렇게 주님께 기도하고 있다는 것이다. 가능한 한 자신도 많은 사람들을 소개해 주겠다고 약속하셨다. 그리고 재일 한국, 조선인들이 가혹하리만치 차별을 받아왔던 역사를 생각하면 기독교인으로서 그리고 일본인으로서 속죄하지 않을 수 없다는 게 목사님의 양심이었다.

요도가와 기독교병원 건설 당시의 모금조직은 나에게 사막에서 오아시스를 만난 것 같은 그런 기쁨을 주었다. 이제 다시 힘을 내보리라. 나가이 목사님이 말한 발기인 500명을 어떻게 모을까? 학교에서 공부했던 사회복지 방법론이 생각났다.

비가 내린다. 처음에는 하나의 빗방울이 산꼭대기에서 동서남북으로 흩어진다. 그것은 어딘가에서 작은 샘물을 이루고, 샘물은 흘러서 도중에 냇물이 되고 강이 되고 바다가 된다. 넓고 신비로우며 무엇이든 품어주는 바다. 결국 바다는 하나의 빗방울이 모여서 만들어지는 것. 그러한 느낌을 다시 한 번 음미할 수가 있었다.

시마무라 목사님의 편지를 읽고 발기인 참여를 해 오신 분이 30여 명이었다. 갈 길은 멀었다. 그러나, 빨리 가야 한다. 나는 신문사가 발행한 저명인사록을 구입했다.

그리고 3,000여 명의 주요핵심멤버들(오피니언 리더)이라 생각되는 분들에게 서신을 보냈다. '도움을 주시는 분[世話 人]'으로 참여해 주신 분들의 덕으로 450여 명이 참여해 주었다. 사상과 국적과 종교의 벽을 넘어서 그것은 일본의 지성이요, 양심이 참여해 준 거라고 생각되었다.

물론 나와는 면식이 없는 분들이 대부분이었다.

22 위대한 출발

    1985년 2월 25일 오후 1시반, 캐
피탈 도큐호텔에서 재일 한국인 노
인홈을 만드는 모임의 후원회가 열
렸다. 밖은 아직 겨울의 추위가 남
아 쌀쌀한 기온이었다.

    한분 두분 들어오시는 분들을 보니 꿈만 같았다. 나는 입
구에 서서 한분 한분에게 최대의 예를 갖추면서 자리로 안
내했다. 만사를 제쳐두고 참가해 주신 것이다. 송구스러울
따름이다.

    가나야마 씨가 인사말을 했다.

    "윤기 씨의 어머니, 다우치 치즈코 씨는 일생을 한국 고

아를 위하여 바치셨습니다. 그러나 병상에서 마지막에 일본말로 '우메보시가 먹고 싶구나' 라고 하신 것처럼 일본에 살고 있는 교포 노인들도 한국말로 김치가 먹고 싶다고 하실 것이 틀림없다고 아사히신문 '논단' 에 글을 올렸던 윤기 씨의 호소는 일본 전역에 많은 반향을 일으켰습니다. 주한 대사를 지낸 나도, 이 문제는 중요하다는 생각이 들어 회장직을 수락했습니다."

그리고 미츠이 변호사의 사회로 심의에 들어갔다. 의장은 하라다 씨였다. 먼저, 경과보고가 있었다. 그러자 갑자기 이토 마사요시 전 외무대신이 발언을 했다.

"나는 스가하라 분타 씨로부터 이야기를 듣고 참가했는데, 북한의 사람들에 대해서는 어디를 보아도 언급되어 있지 않습니다. 한국이든 북한이든 상관없이 평등하게 취급한다면 저도 참가하겠소."

의장인 하라다 켄 의원은 나를 지명했다.

"윤기 씨, 이 점에 관해서 설명해 주십시오."

"예."

나는 조심스럽게 설명을 시작했다.

"이 노인홈은 북도 남도 없습니다. 적어도 노인홈에서만이라도 통일을 이루고 싶습니다."

스가하라 분타 씨가 말을 덧붙였다.

"이토 선생님께서 지적하신 것을 준수해 갈 테니 안심해 주십시오."

가나야마 씨가 증언하셨다.

"재일 한국 민단 단장이 방문했을 때에도 북쪽 분들도 노인홈에 맞이하겠다고 약속을 했습니다."

의외의 질문에 긴장했지만, 회의는 순조롭게 진행되어 갔다. 대표에는 가나야마 씨가 선출되었다. 그리고 고문단, 실행위원회가 조직되었다. 건립 위치, 모금의 목표액 등도 논의했다. 우선은 도쿄와 오사카 중에서 토지가 먼저 준비되는 순서로 건설하며, 모금 목표는 각각 5억 엔씩으로 사무국 안을 승인했다.

이렇게 해서 정식으로 재일 한국인 노인홈을 만드는 모임이 출발되었다. 나는 커다란 감동을 느꼈다.

사무실로 돌아오니 한복 차림의 이마무라 씨가 걱정스럽게 물었다.

"모금은 언제부터 시작합니까?"

"한국에서는 시작이 반이라는 말이 있습니다. 시작했다는 것은 벌써 반은 진행되었다는 의미입니다."

"예?"

이마무라 씨는 깜짝 놀랐다.

여기저기 돌아다니면서 목표를 구름 위에 세우고 암담한

심정으로 묵묵히 보낸 세월. 거기에 종지부를 찍은 것이다.

구름은 걷혔다. 여기는 현실 사회인 지상. 찬란한 태양이

중천에 얼굴을 내민 것이다.

23 11시에 만납시다

어느날 한국에 있는 KBS로부터 국제 전화가 걸려왔다.

"여보세요?"

약간 이상한 기분이 들었다.

"여기는 한국의 KBS인데요. 윤기 씨 계십니까?"

"제가 윤기입니다."

"저는 《11시에 만납시다》라는 프로그램 담당자입니다. 우리 프로그램에 출연해 주시지 않겠습니까?"

나는 깜짝 놀랐다. 한국에 갔을 때, 그 프로를 본 적이 있었다. 인생의 대선배를 모시고 살아가는 지혜, 살아온 역사를 얘기하는 좌담 프로이다.

"저는 아직 젊습니다. 그 프로에 나갈 수 있을 정도로 인생의 경험이 없습니다."

프로듀서는 탐탁지 않다는 듯이 "알겠습니다. 그럼, 다음에 다시…"라며 전화를 끊었다.

일주일이 지났다. 사무실에 나갔더니 또 KBS에서 전화가 왔다는 것이다.

"지난번에 전화를 드린 프로듀서입니다만, 경위를 부장님에게 말씀드렸더니 화를 내셨습니다. 윤 선생님이 젊으시다면 부부의 나이를 합하면 80이 되지 않느냐고 하셨습니다."

"아니, 그것은…저도 망설여지지만, 제 아내도 TV프로에는 나가고 싶어하지 않습니다."

그러나, 그의 설득은 집요했다.

"저희들은 이미 결정해 버린 상황입니다. 출연해 주시지 않으면 정말 곤란합니다."

그 집요함은 막을 길이 없었다. 할 수 없이 나는 아내를 설득해 보겠다고 승낙했다.

아내에게 이야기를 털어놓았다.

"이렇게 바쁜 사무실을 둘 다 비우면 어떡해요? 당신만 다녀오세요."

"일부러 두 번씩이나 연락 주는 걸로 봐서 우리가 바쁘더라도 나가는 것이 사명이 아닐까?"

"우리에게도 사생활이 있어요. TV프로에 나가서 뭘 얘기 해요?"

"목포나 도쿄에서도 함께 일하지 않았소?"

"그것은 당신을 돕는 것이지, 사업을 돕는다는 생각은 없었어요. 그리고 여비도, 비행기표도 보내오지 않았잖아요."

"그거야 우리가 출연한다면 보내 주겠지."

"안 주면 어떡해요? 당신 성격에 달라고 못하는 것 뻔하지 뭐예요."

"하지만, 일부러 불러놓고 공짜일 리는 없을 테지."

"아니에요. 항공권이나 숙박비는 모를 일이에요."

아내의 눈빛은 기대하지 않는 표정이었다.

"KBS분들은 출연시켜 주는 것만으로 당신을 도와준다고 생각하고 있어요. 비행기표나 숙박비는 기대하지 마세요. 출연료라고 10만 원 정도 봉투에 주시면 숙박비, 비행기표 값은 말도 못 하실 것 전 알아요. 당신이나 다녀오세요."

간단한 일이 아니었다. 그 때 시마무라 목사님이 언제나처럼 예고 없이 들르셨다.

"지금, 부부싸움을 하고 있습니다. 재판을 해 주십시오."

나는 자초지종을 이야기했다.

"그거 곤란하군. 부부관계만큼은 아무리 목사라도 쉽게

관여할 수 있는 게 아니네. 다만 성서에는 하나님을 따르듯이 남편을 따르라는 가르침이 있지만."

시마무라 목사님은 말을 이었다.

아내는 원망스럽다는 듯이 시마무라 목사에게 항의했다.

"글쎄, 저는 TV에 나가서 할 말이 없어요."

"우리 남편은 최고라고만 하면 됩니다."

시마무라 목사님은 미소를 지으며 말했다.

아내는 울상이 되었다. 결국, 우리는 서울로 향하였다. 언제부터인지 모르지만 일본에서 생활하면서 나 자신의 행동이 치밀해졌다. 아니면 고향을 떠나 생활하고 있기 때문에 나도 모르게 소심해진 걸까. 모든 일본인들은 준비에 많은 시간을 보낸다. 준비에 철저했다.

그런데 KBS의 경우, 촬영 30분 전에 도착하면 된다니 궁금한 것이 한두 가지가 아니었다. 'PD를 만나 보면 알겠지.' 마음속으로 위로하면서도 한편으로 불안이 커졌다.

KBS로 가서 나는 고개를 갸웃했다. 진행과정이 아무래도 이상했다. NHK의 경우에는 스탭이 프로그램 소개를 나에게 해주면 나는 그 질문에 답을 하고 이렇게 2, 3일간 취재를 하면, 얼마 후에 내가 말한 내용이 시나리오가 되어 나온다. 한 시간 프로를 만들기 위해서 2, 3개월 촬영을 하기도 하고, 심지어는 6개월간 촬영하는 경우도 있다.

어느 강연회에서 나는 이렇게 말한 적이 있다.

"일본인은 준비를 위해서 태어난 사람들이다."

그런데, KBS는 전혀 달랐다. 녹화 30분쯤 전에 와 달라는 것이다. 놀라지 않을 수 없었다.

30분 전에 갔더니 녹화를 할 것인지, 안 할 것인지, 담당 아나운서의 모습은 보이지도 않았다. 불안이 최고조에 달했을 때는 녹화 10분쯤 전이었다. 키가 큰 김동건 아나운서가 나타났다.

"오늘의 주인공은 누구지?"

그는 PD에게 물으며 옆눈으로 우리들을 보았다.

PD가 우리들을 가리키자, 그는 미안해하며 우리에게 말을 건넸다.

"어려울 것은 없습니다. 두 분은 제가 묻는 말에 대답만 해 주시면 됩니다."

차 한잔 마실 여유도 없이 우리는 스튜디오로 안내를 받았다. 스튜디오에 들어서는 순간, 강렬한 라이트가 우리를 비췄다. 스튜디오 안에는 100명 정도의 방청객이 있었다. 뜨거운 태양 아래 맨몸으로 홀로 서있는 듯한 기분이었다. 아무것도 보이지 않았다.

"주님, 도와주십시오. 이 프로를 보는 사람 중에 단 한 사람이라도 은혜 받는 사람이 있게 해 주십시오."

나는 간절히 기도했다.

그러자, 믿을 수 없을 만큼 차분해졌다. 조금 전에는 아무것도 안 보였는데 아나운서의 모습이 똑똑히 보이기 시작했다. 그는 내가 쓴 『어머니는 바보야』라는 책-『어머니여, 그리고 나의 자식들이여』가 한국에서 '어머니는 바보야'로 출간되었다-을 손에 들고 이야기를 시작했다.

"언제 일본에서 오셨습니까?"

"어제 왔습니다."

"무엇을 타고 오셨는지요?"

"비행기를 타고 왔습니다."

"네에."

그는 잠시 사이를 두었다.

"어머님 시대와는 달라졌지요. 옛날, 일본을 왕래할 때는 관부(關釜)연락선 밖에는 없었지 않았습니까?"

"그렇지요."

"우리들은 좋은 시대에 살고 있는 셈이지요."

나는 고개를 숙였다. 연락선, 그렇다. 그 옛날, 어머니와 아버지는 물론 많은 사람들이 한국과 일본을 오갈 때 그들을 실어 나르고 사연을 실어 나르던 교통수단이 아니던가.

"지금은 관부훼리도 상당히 빠른 시간에 왕래하고 있다더군요."

김동건 아나운서는 말을 이었다.

"아버지는 한국분이시지요?"

"그렇습니다."

"그리고 어머니는 일본분이시지요?"

"그렇습니다."

"어떻게 두분은 그 시대에, 일본인이 우월감을 가지고 있었던 시대, 조선인이 열등감으로 가득하던 시대에 결혼을 할 수 있었을까요?"

나는 무엇을 어떻게 말했는지 모른다. 조용히 김동건 아나운서는 손수건을 손에 들었다. 그리고 그의 두 눈에 반짝 빛나는 것이 보이나 싶더니 목소리 또한 울먹거리고 있었다. 잠시 침묵이 흐른 뒤, 또다시 많은 이야기가 계속되었다.

이어 김동건 아나운서는 정색을 하며 물었다.

"지금, 일본에서는 무슨 일을 하고 계십니까?"

"고령이 되어 조국에 돌아갈 수 없는 사람들, 재일 동포는 모두 부자라고 한국에서는 알고 있지만, 그렇지도 않습니다. 금의환향할 수 없는 사람들이 거의 대부분입니다. 어떤 사람은 죽은 지 13일 만에 발견될 만큼 쓸쓸한 최후를 마치기도 했습니다. 그분들에게 일본 안에서 김치를 먹고 아리랑을 부르면서 마치 고향에 돌아온 듯한 기분으로 지

낼 수 있는 고향집과 같은 노인시설을 만들려고 뛰고 있습
니다."

아나운서의 두 눈이 휘둥그레졌다.

"그런 노인홈을 만들 토지가 있습니까?"

"돈이 필요하지요."

"그렇다면 한국에서 토지를 가지고 가시면 어떻겠습니
까?"

가슴 아프게 와 닿는 말이다. 나는 눈시울이 뜨거워졌다.

마지막으로 아나운서는 아내에게 이야기를 던졌다. 여러
가지로 물었지만 아내는 입을 다문 채 고개를 숙이고 있었
다.

"사모님은 윤 선생님과 결혼하신 것을 후회하시지 않습
니까?"

"아닙니다. 저는 저의 남편이 최고라고 생각합니다."

"네에!"

그는 감동에 찬 표정이었다. 아나운서도, 우리도, 아니,
방청객들도, 무언가 하나의 높은 경지에서 이야기를 나눈
듯한 기분이었다.

방송을 보았다는 반응이 보이기 시작했다. 『어머니는 바보
야』는 판을 거듭하며 사람들에게 널리 알려지기 시작했다.

방송을 마치고 목포에 갔더니 아이들도 본 것 같았다.

"우리 원장님 최고! 말씀도 당당하게 하시더라"라며 기뻐했다. TV에 나오는 사람들은 모두 위대하다고 생각하는 또래의 아이들이었다.

KBS 목포지국장이 찾아왔다.

"본사에 갔더니 박 사장님이 말씀하시더군요. 훈시에서 말입니다. 윤 선생님 같은 프로를 더 만들라고요. 매우 만족한 것 같아서 저도 기뻤습니다."

우리는 일본으로 돌아가기 전에 박형태 사장님께 인사를 드리러 갔다.

"매우 감격적이었습니다. 두 분께서 그런 삶을 살고 계시는 줄은 몰랐습니다. 밤 11시 프로여서 아내와 함께 볼 수 있었습니다. 나는 언론계에서 자랐으므로 상당히 많은 사회사업가를 알고 있습니다. 대부분의 사람들은 자신은 처음부터 희생하고 봉사하는 존재인데도 세상이 알아주지 않는다고 하더군요. 그런데 윤 선생님의 어머님은 순수 그 자체더구만요. 마지막까지 남편을 위하여 자신이 존재하고 있다는 그 정신, 노벨상감입니다"

박 사장님은 아내를 쳐다보았다.

"사모님은 거의 말씀을 안 하시더군요. 처음부터 양손을 무릎에 두시고 고개를 숙인 채, 소리 없이 우시는 듯한 모습이 매우 인상적이었습니다. 제 남편은 최고라는 말씀, 한국인은 모두 감동했으리라고 생각합니다."

아내는 몇 번이나 고개를 숙여 송구스러워했다. 시마무라
목사님은 정말로 대단하신 분이다. 우리는 마음속으로 좋
은 것을 가르쳐 주셨다고 감사해 했다.

TV출연료는 아내의 걱정대로였다.

24 제주도의 꿈

스가하라 분타 씨가 야구선수 장훈 씨를 소개해 주었다. 같이 로뽕기의 식당에서 식사를 했다. 그때 장훈 씨는 인상적인 말을 했다.

"내가 알기로는 우리 동포들 중에서 일본에서 생을 마칠 것인가, 조국에 들어가서 뼈를 묻을 것인가를 고민하고 있는 사람이 1만 명은 됩니다. 그러니, 제주도처럼 따뜻하고 아름다운 곳에 양로원을 만든다면 모두 기뻐할 것입니다."

나는 제주도라는 말에 귀가 번쩍 뜨이며 호기심이 생겼다.

제주도 보건사회국자인 홍순만 씨는 예전에 신문기자였는데, 투자안내서를 나에게 주었다. 복지사업을 하고 있는 나와는 거리가 멀다고 생각했다. 그는 안내서의 마지막 부분을 펼쳐 보였다. '희망원'이라고 적혀 있다.

"뭐 하는 곳입니까?"

"부랑자와 정신병자가 생활하는 곳입니다. 전근대적인 시설 안에서 7, 80명이 생활하고 있습니다. '재일 동포가 할 수 있는 보람 있는 일이니 고향을 위해서 투자하세요'라고 하면, 모두 '좋은 일이지', '생각해 봅시다'라고 선뜻 약속합니다만, 일본으로 돌아가고 나면 그만이죠. 일본에서 재일 동포를 위하여 노인 홈을 만드시는 것도 좋지만, 제주도에 정열을 쏟아 주시지 않으시겠습니까? 윤기 씨 같은 분이 관심을 가져 주신다면 무언가 결실을 볼 수 있을 것 같아서 부탁을 드리는 바입니다."

그리고 그는 곧바로 우리들을 희망원으로 안내했다. 해변가에 있는 초라하기 그지없는 건물이었다. 줄줄이 환자들이 나왔다. 그야말로 옷차림 같은 것은 아무래도 상관없다는 차림새뿐이었다.

그 중의 노인 한 사람을 가리키면서 "이 사람은 도쿄대학 출신입니다"라고 했다.

나는 깜짝 놀라 그의 곁으로 다가갔다.

그는 갑자기 일본말로 내게 물었다.

"일본에서 왔습니까?"

"그렇습니다."

나는 "도쿄대학을 나오셨어요?" 하고 물어 보았다.

그는 "아니야, 도오지샤, 경도의 동지사 대학"이라고 똑똑하게 대답했다.

"무엇을 공부하셨습니까?"

"철학이야, 이 사람들은 나를 미쳤다고 하지만 내 눈에는 이 사람들이 미쳤어."'

"건강해 뵈시네요."

"술을 마시고 싶어. 이 사람들은 술을 안 준단 말이야. 그래서 미치겠어."

쇠줄로 묶여 있는 사람도 있는가 하면 방안에 오줌통과 밥그릇이 제멋대로 굴러다니고 있었다. 직원들은 화장실 옆에서 빨래를 하고 있다. 인간다운 삶이라고는 볼 수 없었다. 돌아오는 지프 안에서 수평선을 바라보았다.

6·25 동란 직후, 어머니는 한라산 기슭에 공생 농장을 만드셨던 적이 있었다. 공생원 졸업생들을 자립시키기 위해서였다. 여름이 되면 나는 아이들과 함께 그곳에 가서 뛰어 놀았던 곳이다. 그 당시 목포에서 배를 타면 17시간이나 걸렸다.

고등학교 1학년 때, 한라산을 넘어 최남단의 서귀포에 들른 적이 있다. 그곳에는 제남 보육원이 있었다. 목포 공생원에서 온 것을 알자, 기쁘게 환영해 주었고, '대학나무'가 무엇인지 아느냐고 묻기고 했다. 귤나무였다. 귤은 당시 서귀포에서만 생산되는 귀한 것이어서, 서귀포 사람들은 귤나무가 몇 그루만 있으면 자식을 대학까지 보낼 수 있다고 해서 그렇게 부른다고 했다.

나는 홍 국장의 애원하는 목소리를 되새겨 보았다.

사람이 살 곳이 못 된다는 버려진 땅 제주도가 지금은 유토피아가 되어 살기 좋은 고장으로 변한 것이다. 제주도는 세계적으로 성공한 복지모델이 아닌가. 또한 아름다운 수평선을 바라보면서 나로 하여금 지역개발사업에 꿈을 품게 한 곳이 바로 제주도가 아닌가.

나는 가나야마 씨와 스가라하 분타 씨의 부인인 후미코 씨를 제주도에 안내하고 싶어졌다. 날을 잡아 우리는 제주도에 갔다. 장 지사님이 우리를 환영해 주며, 제주도 개발 계획에 대해 열심히 설명해 주었다. 정부에서도 큰 관심을 가지고 있다고 강조하기도 하면서.

"효도여행 해드린답시고 나이 드신 부모님을 데리고 와서 버리고 가는 비인간적인 놈들이 있는 세상이 되었습니다."

나는 새로운 일을 시작할 때 마음 속의 아버지와 대화하는 습관이 있다.

'당신은 왜 거리에서 떨고 있는 고아들을 데려다가 같이 생활을 하셨습니까? 당신을 무슨 배짱으로 사회복지법도, 정부의 지원도 없을 때, 아니 식민지 치하에서 온 백성들이 나라 잃고 신음하고 있을 때 그런 힘든 일을 시작하실 수 있었습니까? 당신의 본능적인 사랑과 용기가 부럽습니다. 지금 내 눈앞에 있는 제주도의 부랑인들, 정신병 환자들을 어떻게 해야만 합니까?'

나도 모르게 피가 뜨거워짐을 느낀다. 그리고 용기를 얻는다.

"윤기야, 무엇을 두려워하느냐? 그 뜻을 품게 하는 이도, 이루어 주시는 이도 하나님이심을 모르느냐?"

아버지의 말씀이 들려오는 것 같았다.

나는 가나야마 씨와 후미코 씨에게 상담했다. 후미코 씨는 내게 "윤 선생은 일본에서 노인 홈을 만드는 것도 어려운데 제주도까지 신경 쓸만한 여유가 있어요?"하며 걱정해 주었다.

나는 즉시 보건복지부로 갔다. 담당자에게 자초지종을 이야기했더니 기다리고 있었다는 듯이 말했다.

"88년의 올림픽을 앞두고 전국의 부랑자들을 수용할 수 있는 시설 정비를 계획하고 있습니다. 제주도는 아직 신청이 없습니다. 서둘러 주십시오. 정부가 여러 가지로 보조할 겁니다."

1987년 1월 1일, 마침내 공생원은 '제주 희망원'의 운영을 맡게 되었다. 5천 평의 토지를 구입하고 건물을 신축하여 2개의 간판을 걸었다. 하나는 '제주 희망원', 그리고 또 하나는 '제주 정신요양원'. 오사카에 노인홈을 세우기 1년 전의 일이었다.

4.

움직이는 청구서

25 역사적인 첫발

　아사히신문에 노인홈을 만들고 싶
다는 기사가 실린 지 2년여가 지난
어느 날, 재일 대한기독교 가와사키
교회의 이인하 목사님으로부터 전화
가 걸려왔다. 오사카부 사카이시에 토지가 있다는 것이었
다. 사카이 교회의 히라야마 씨가 자신의 토지를 노인홈 건
립을 위하여 제공하고 싶다는 이야기였다.

　"그것을 판다는 것입니까, 무상으로 제공한다는 것입니
까?"

　"예, 그 문제는 윤기 씨가 직접 오사카 교회의 김덕성　목
사님을 찾아가 보십시오."

김 목사님은 한국인 노인홈을 세운다면, 한국인이 많이 살고 있는 오사카시 이쿠노구가 적당하다고 두세 번씩이나 정열적으로 전화를 해주셨던 분이다.

그 동안 여러 가지 일이 있었다. 토지를 보기 위하여 여기저기 다녔다.

후쿠오카현의 야나가와시에서 복지사업을 하고 계시는 칸노 마나부 이사장이 나라에 3천 평의 토지가 있으니 이용하지 않겠냐는 고마운 일도 있었다. 나라에 가서 보니 토지는 부러울 정도였지만, 주변사람들이 반대한다는 것이다.

하마마츠시의 하세가와 타모츠 선생님은 중의원을 지내신 크리스천으로『밤도 낮과 같이』라는 저서로도 유명한 노인복지의 선구자이시다. 전후 일본이 고령 사회화되어 가는 현실에 주목하시고, 특별양호 노인홈과 유료 노인홈을 모범적으로 건설하셨던 분이다. 이분이 나를 데리고 하마마츠시에 있는 국립병원을 안내해 주셨던 일이 있다.

후생성이 국립병원을 민간으로 양도할 방침이니 그 중에 5, 6군데를 인수해 한국인 노인홈으로 하면 어떨까 하는 의견이었다. 그것 참 좋다고 생각하고 그 후 여러 가지로 조사해 보았지만, 병원에 근무하고 있는 사람들이 민영화에 반대한다고 해서 불가능한 이야기로 끝났다.

신칸센에서 지난 일을 회상하고 있는 사이에 오사카에 도착하였다. 이쿠노 교회에 들어서니 김덕성 목사님을 비롯하여 김원치 목사님, 김안홍 목사님, 재일 대한기독교 부인회 예술범 회장과 박선희 장로, 그리고 땅주인인 히라야마 씨의 부인께서 맞이해 주셨다. 이야기는 바로 토지문제로 들어갔다.

김안홍 목사님이 히라노구에도 좋은 곳이 있으니 가 보자는 것이다. 공원 앞에 정사각형의 좋은 땅이었지만 가격이 비싸서 무리였다. 이쿠노구에도 가 보았다. 역시 좋은 곳이었지만 소방도로 건으로 단념했다.

마지막으로 사카이시에 있는 히라야마 씨의 토지를 보러 갔다. 버려진 폐기물장이었다. 앞으로는 간사이 국제공항과 연결되는 4차선도로가 날 예정이라고 했다. 군데군데 잡초가 엉성하게 보일 뿐이었다. 나는 주변을 살펴보았다. 동쪽으로 대동공업이라는 것이 있을 뿐, 사방팔방에 아무 것도 없다. 주택도 사람들도 없다. 이곳으로 결정하면 지역 주민들의 반대에 부딪칠 염려는 없다는 생각이 들었다.

폐기물 같은 것은 공사가 시작되면 모두 정비되어 걱정할 필요가 없을 것이다. 낮은 곳에는 호수라고 해도 좋을 만한 큰 연못이 있고 일대는 센보쿠뉴타운이 조성되어 있었다. 꿈이 이러한 곳에서부터 구체화되면 좋지 않을까?

히라야마 씨는 내 얼굴 색을 살펴보는 듯했다. 나는 불쑥 그에게 물어보았다.

"왜 이 토지를 저에게 이용해 보라고 하십니까?"

부인은 조금 망설이는 듯한 표정이었다.

"실은, 40년 전부터 우리들 부인회는 일본에 한국인 노인 홈을 만들려는 꿈을 가지고 있었어요. 조국이 해방되었을 때, 기쁨에 들떠 고향에 돌아가 보았지만, 일본에 적응이 되어버린 우리들에게는 왠지 낯설기만 했습니다. 돌아오는 배 안에서 생각해 보았답니다. 나이를 먹고 늙게 되면 어떻게 할까. 어딘가에 양로원이라도 세워서 모두 함께 지낼 수 있는 그런 곳을 만들자. 그래서 선배님들이 저금을 시작했죠. 재일 대한기독교총회 부인회가 말입니다. 그 돈을 제가 관리해 온 거죠. 지금까지 여러 군데 땅을 둘러보았습니다. 교토, 후쿠오카 등…. 하지만 적당한 곳을 찾지 못했습니다. 우연히 이야기가 나왔을 때, 제 남편이 사둔 토지, 그곳은 어떨까 하는 생각이 들었습니다. 부인회에서 땅 팔아먹으려고 그러냐는 말을 들을지 몰라서 지금까지 입밖에 낼 수 없었어요. 윤 선생님께서 노인홈 사업에 손을 대셨다는 얘기를 듣고 이인하 목사님께 연락을 해 보았죠. 어떻습니까? 마음에는 드십니까?"

너무나 솔직하고 소박한 이야기이다.

"좋은 장소라고 생각이 듭니다. 땅값이 비싸지 않을까

요?"

히라야마 씨의 얼굴이 갑자기 밝아졌다.

"노인홈을 하시겠다는 분에게 비싸게 팔 제 남편이 아닙니다. 도로공단이 그 주변에 있는 땅을 일부 샀습니다. 평당 30만 엔을 약간 넘었을 겁니다. 시가보다는 싼 가격이죠."

"그렇다면 부인회에서 사시면 좋을 텐데요."

묵묵히 듣고만 있던 부인회 회장이 처음으로 이야기에 개입했다.

"부인회에서 모금을 했다지만 이제 겨우 4천만 엔 정도입니다. 그것마저 지금 총회에 돈을 빌려주어서 현금이 없습니다. 부인회는 아직 토지를 살 만한 준비가 되어 있지 않습니다."

"부인회에서 노인홈 건설을 꿈꿔 오셨다는 데 어떤 노인홈을 구상해 보셨습니까?"

그러자, 한 부인이 말씀하셨다.

"은퇴하신 목사님이라든가, 우리들이 나이 들어서 함께 살면 좋지 않겠습니까? 기도도 하고 찬송가도 부를 수 있고."

"건강한 분들을 위한 노인홈을 구상하셨군요. 저는 몸이 불편하신 분들을 위한 노인홈을 생각하고 있습니다. 임원회를 개최하여 토지구입건을 의논해 보십시오. 시가보다는 싼 땅이라면 구입하자고 하지 않겠어요? 부인회가 구입하지 않기로 결의하시면 저도 검토해 보겠습니다. 40년 전부터 기도해 온 일이라니까요."

"아이구, 참 양심적인 사람이시네요. 한국에서 온 사람들은 대부분 자기 생각만 하는 분이 많았어요."

생각의 차이는 항상 있는 법이다. 그분들은 순수했다. 사회복지라든가, 노인복지 같은 것은 모르는 분들이었다.

동경에 돌아와서 1개월 정도 되었을 때였다. 오사카의 박선희 장로님으로부터 전화가 왔다.

"재산이 되는데 왜 다른 사람에게 건네주느냐며 돈을 빌려서라도 확보해야만 된다는 부인회의 결론이 나왔습니다. 역시 윤 선생님은 선견지명이 있으시군요."

"그것 참 잘 되었습니다. 오사카는 여러분이 해 주십시오. 저는 도쿄에서 할 테니…"라며 전화를 끊으려고 하자 박 장로님이 황급히 말씀하셨다.

"윤 선생님, 실은 우리들 부인회가 사기로 한 것은 500평입니다. 580평이 남아있습니다. 그곳에 윤 선생님이 먼저 시작하시면 어떨까요. 히라야마 씨도 양해를 한 상태입니다."

"알겠습니다. 실행위원회를 소집해 의논하겠습니다."

역시 그때, 먼저 사서 착수하시라고 권한 것은 부인회에 좋은 계기가 된 것 같다. 큰 보람이었다. 실행위원회에 보고를 했다.

위원회에서도 현장에 가 보기로 했다. 전사협(全社協)의 사노리 사부로 상무님, 스가하라 후미코 부인, 오사카 자강관의 요시무라 씨와 나였다.

시찰을 끝내고, "한국인이 가장 많이 살고 있는 이쿠노구가 최상이지만 건설허가, 주민의 동의 등 복잡한 과정을 생각해 보면 차선책으로서 사카이의 히노오를 선택한다"고 결론을 내렸다.

이렇게 역사적인 첫발을 내디디게 된 것이다.

26 도둑놈 아냐?

차선책을 찾아 나선 길이었다. 신 칸센의 차 안은 언제나 나의 연구실 이 된다. 단돈 한푼 없는 몸으로 어 떻게 할 수 있을지.

오사카에서 내렸다. 텐노지 지역에서 그리 멀지 않은 곳 에 오오토리역이 있다. 히라야마 씨의 회사는 그 부근에서 아사히철공이라는 간판을 내걸고 있었다. 건물은 별로였지 만, 부지가 넓었다.

히라야마 씨는 유니폼을 입고 모자를 쓴 모습으로 나타났 다, 엔지니어 같은 인상을 짙게 풍기며.

사모님이 나를 소개해 주셨다. 나는 정중하게 인사를 했다. 호리호리한 체형의 히라야마 씨는 한국말로 말했다.

"좋은 일을 하신다고 들었습니다만, 제 땅은 마음에 드셨습니까?"

"사기로 결심했습니다."

"사시겠다구요!"

"예, 그렇습니다."

"돈은 가지고 오셨습니까?"

"아닙니다. 가격도 정하고 우리 사정도 말씀 드릴 겸 왔습니다."

"제 아내가 얘기 않던가요? 도로공단과 같은 가격이라고…."

"예, 들었습니다. 무리한 부탁을 드리러 왔습니다."

"무슨 부탁인지 말해 보시오."

"토지구입 가격은 이해되었습니다만, 이 가격은 노인홈이 만들어지기까지 올리지 않겠다는 것이 첫번째, 또 다른 사람에게 팔지 않겠다는 것이 두 번째, 대금은 분할로 해 주시라는 것이 세 번째, 그리고 오사카부에 낼 서류에는 모두 도장을 찍어 주실 것이 네 번째 부탁입니다, 이상입니다."

단숨에 이야기를 마쳤다. 그의 눈이 빛났다.

"당신 도둑놈 아냐? 내 평생 그런 식으로 토지를 팔아 본 적은 없소."

"실은 이전에 사모님을 만났을 때 그 땅에다 꼭 노인홈을 만들어 달라고 말씀하셔서 사장님도 양해하신 걸로 알고 찾아뵈었습니다."

히라야마 씨는 입을 꾹 다물고 있었다. 나는 용기를 냈다.

"이 땅은 사더라도 저 개인 소유가 아닙니다. 사모님께서 저에게 말씀하신 것이 있습니다. '내 눈에 흙이 들어가기 전에 노인홈을 보고 싶어요.' 저는 감동했습니다."

그는 물끄러미 나를 바라보았다.

"사장님, 그냥 달라는 말이 아닙니다. 대금은 반드시 지불해 드리겠습니다. 단지 시간이 걸릴 뿐입니다. 여러 사람들에게 호소해서 돈을 모으지 않으면 안 됩니다. 땅 값이 올라가면 제가 거짓말쟁이가 됩니다. 무리라는 것은 잘 압니다만 그렇게 양해해 주십시오. 대금은 반드시 지불하겠습니다."

나는 송구스러워 고개를 들 수 없었다.

"흐음, 당신은 상당히 배짱이 좋구먼. 계약금도 안 들고 와서 토지를 사겠다는 사람은 내 이제껏 본 적이 없네."

"사장님!"

나는 고개를 숙이면서도 힘주어 말했다.

"이번 일은 제 개인적인 일이 아닙니다. 일국의 대사를 지내셨던 가나야마 씨가 회장이십니다. 그리고 전국적으로 모르는 사람이 없을 정도로 유명한 스가하라 분타 씨가 모금위원장입니다. 500명의 발기인을 조직해서 일본 전국에 호소할 생각입니다. 반드시 어떤 식으로든 결과가 나오리라고 확신합니다. 계약대로 저는 실행하겠습니다."

그제야 겨우 그의 얼굴이 온화해지는 것 같았다.

"부탁드립니다."

나는 또다시 고개를 숙였다. 그는 자신을 진정시키는 듯했다.

"알겠소, 나는 일본에 귀화했지만, 조국을 생각하는 마음에는 변함이 없소. 일본에 살고 있는 고령의 할아버지, 할머니들은 당신들보다도 내가 더 잘 알지. 좋은 일이지 좋은 일이고말고, 어이 윤 선생, 해 보시게 나도 응원할 테니 말이야."

"아, 하나님 감사합니다. 처음에는 너무나 힘든 출발이어서 두렵기만 했습니다만, 일이 이렇게 끝나리라고는…. 감사합니다, 정말 감사합니다."

27 호랑이 굴에 들어가다

도쿄일까 오사카일까, 일본의 어
딘가에 세운다고 할 때는 어둠이었
다. 그런데 오사카에 세운다고 결정
되자, 기쁜 반면 눈앞이 캄캄했다.

'열심히 도와 준 도쿄의 자원봉사자들은 어떻게 하나? 오
사카에서는 앞으로 또 처음부터 시작해야 하는구나.' 허탈
감이 찾아왔다. 도쿄의 오차노미즈 사무실에는 노인홈 만들
것을 목표로 열심히 도와 준 사람들이 많이 있다. 그러나 오
사카에는 아무도 없었다.

오사카에는 장인·장모도 있고, 우리들이 결혼식을 했던
박애사도 있지만, 정말로 일을 해 줄 사람은 없다. '어떻게

하지….' 새로운 출발이 되어 버렸다.

나는 현장으로 달려갔다. 아무것도 없는 벌판에 세워질 노인홈의 위용을 상상해 보았다. 나의 꿈은 구름을 타고 훨훨 나는 듯한 기분이 되었다.

특히, 사카이라는 곳은 한국과 이상한 연고가 있는 곳이다. 옛날, 일본에 문자가 없었을 때 나의 고향, 목포에서 20킬로미터쯤 떨어진 있는 영암 태생의 왕인 박사가 천자문 등을 일본에 전해, 그것이 오늘의 일본 문자가 되었다는 것은 널리 알려진 사실이다. 이 왕인 박사의 후손인 행기 스님이 사카이시에서 치수사업을 전개하고 무료 숙박소를 만들어 사람들을 도왔다는 곳이기도 하다. 백제의 후손이라고 할 수 있는 행기 보살의 흔적이 남아있는 이 지역에 한국인 양로원이 일본에서 최초로 세워지는 것은 보통 인연이 아니다. 이것은 나에게 보이지 않는 힘이 되었다.

사무소가 필요했다. 사카이의 현장 근처에 정해야 할지 오사카 중심지역에 해야 할지…. 이런 때 언제나 의논을 드릴 수 있는 분이 요시무라 씨였다.

도쿄에서는 오차노미즈 기독교학생회관 안에 사무실이 있어 여러 가지로 편리했다. 영리를 목적으로 하는 회사들보다는 시민단체나 비영리 법인 등이 모여 있는 빌딩이 오사카에 있을까? 오사카부 사회복지 지도센터를 이용할 수 있다면 얼마나 좋을까?

나는 요시무라 씨를 찾아갔다. 언제나 반갑게 맞이하여 주셨다. 입구부터 질서가 있고, 직원들의 매너도 항상 좋다. 나는 단도직입적으로 "오사카부의 사회복지 지도센터 안에 사무실이 하나 필요합니다"라고 이야기를 꺼냈다.

"글쎄, 빌려 줄 사무실이 있을까?"

"한국에 호랑이를 잡으려면 호랑이 굴에 들어가야 한다는 말이 있습니다. 나는 사회복지 법인설립, 모금, 시설인가 등 일본의 행정실무를 모릅니다. 아무래도 지도센터에 사무소가 필요합니다."

"응, 그것은 그렇구먼. 이노우에 상무에게 가보세."

나와 요시무라 씨는 택시를 타고 지도센터로 향했다. 두 분은 둘도 없는 친구 사이다.

이노우에 상무는 5평 정도의 빈방을 보여 주었다.

"이 정도라면 충분합니다."

빈 사무실의 건너편에는 '오사카부 공동모금회'라는 간판이 걸려 있었다.

나는 기뻤다. 여러 가지로 배울 수 있을 것 같았다.

"이 방값은 내가 내겠네. 목포 공생원과 형제시설이니까"라고 말하는 요시무라 씨를 보며 클라크 게이블처럼 생긴 미남의 이노우에 상무는 의외라는 표정을 지었다.

"윤 상, 사무소를 열면 직원도 필요하지. 노인홈 만들 때까지 우리 시설에서 한 사람 보내드리지요."

나는 두 손을 모아 진심으로 감사를 표했다. 하나를 말하면 둘을 도와주시는 고마우신 분이시다.

우리들이 지낼 아파트도 결정했다. 사무실까지 걸어서 7분 정도의 편리한 곳이다. 한국에서 도쿄에 온 지 5년째 되던 1987년 7월의 일이었다. 도쿄생활에 겨우 적응하고 있었는데 오사카로 옮겨오게 되니 어려움이 한 둘이 아니었다.

한두 사람의 자원봉사자가 찾아왔으나 나는 외로웠다. 아무때고 요시무라 씨를 찾아갈 수는 없었다. 오사카시나 부, 사카이 시청의 직원은 한 명도 모른다. 한국 같으면 공생복지재단의 윤이라고 하면 대부분은 알아주었고, 통했다. 역사가 있고 전통이 있었기에 나는 몰라도 공생원은 모두 알고 있었다.

그러나 이곳은 사정이 다르다. 처갓집이 있으나 소박한 상인 가족들이다. 한국의 친척 개념처럼 처남이라고 해서 자주 만나는 것도 아니다. 모두가 폐를 끼치지 않도록 신경쓰며 살아가고 있는 것이 이곳 분들의 몸에 익은 예의범절이다. 숨통이 막힐 것 같은 인간관계다.

한국 공생원에서 장정남 부장을 파견해 주었다. 노인홈을 만들기 위하여 준비하고 복사해야 하는 서류가 무려 5천장 정도나 되다 보니, 장 부장이 혀를 끌끌 차며 말했다.

"일본도 혁명이 한 번 일어나지 않으면 안 되겠네요. 옛날의 관습 그대로인 것 같아요. 한국에서는 혁명이 있을 때마다 개선되어 이렇게 많은 서류는 필요 없습니다."

외국인의 눈에는 그렇게 보이는가. 실은 나도 이상하다는 생각이 든 적이 한두 번이 아니었다.

담당공무원과 이야기하는 것도 마찬가지였다. 도대체 어떻게 하라는 것인가. 확실하지 않아 몇 번이나 아내에게 물어 보았다.

"저 '생각해 보겠습니다' 라는 것은 허가한다는 것인가, 하지 않는다는 것인가."

"일본인이 생각해 보겠다는 것은 거절의 뜻이에요."

친절하기는 하다. 그러나, 뭔가를 물어 보면 직접 대답이 없다. 열심히 무슨 책인가 읽고 그곳에 라인을 치고 설명해 준다. 읽어준 책은 후생성에서 내려준 통달집(通達溓)이었다. 정확하게 설명해 주는 정성은 고마우나, 한국인 체질에 익숙한 나는 인간 대 인간의 대화가 그리워졌다. 한국의 공무원 같으면 농담도 하고, 힘들다고도 한다. 그러나 이렇게 해 오면 가능할 것이라고 속 시원하게 이야기해 주기도 한다.

그런데 일본의 공무원은 모두가 통달집만 읽어 준다. 인간이 앉아 있는 게 아니라 통달집이 앉아 있는 것같이 느껴졌다.

사회복지법인 설립 길잡이라는 팜플렛을 받아보고는 또 놀랐다. 설립취지서의 예문까지 기록되어 있어, 읽으면서 친절하다고 느끼면서도 역시 숨통이 막혔다. 정관작성에 설립자가 기록할 수 있는 난은 두 곳뿐이었다.

한 곳은 주소였고, 또 한 곳은 임원 수를 기록하는 곳이었다. 자유가 없다. 자유사회를 민주사회라 생각했는데 행정의 통솔만이 있었다. 설립목적도 준칙대로 해야만 했다. '이 법인은 기독교정신을 기본으로…' 등의 내용은 안 된다고 빨간 줄로 지적 받았다.

지구상에는 수많은 종교 단체가 그들의 정신을 구체화하기 위해서 복지사업을 하고 있다. 그런데 일본에서는 세금을 사용하기 때문에 종교를 허락하지 않는다는 것이다. 정신 없이 목적이나 이념, 운영방침을 세울 수 있을까? 나는 혼이 빠지는 듯한 느낌이 들었다.

담당 과장의 말이다.

"한국인 전용이 문제입니다. 노인홈은 모든 사람이 이용하고 있습니다. 역차별로 연결됩니다."

"선택권을 소중히 하고 싶습니다. 복지는 이용하는 사람들의 입장에서 봉사하는 것이 중요합니다. 오사카는 재일 한국인이 21만 명 살고 있는 곳입니다. 한국의 고령자들 입에 맞는 서비스가 필요하다고 봅니다."

과장은 잠시 나를 바라보았다. 그리고 말했다.

"순서를 기다리십시오. 오사카부에 현재 노인홈을 만들겠다고 신청한 곳이 70개소 이상 있습니다."

"한 해에 몇 개 정도 건설하지요?"

"4개소 많으면 5개소 정도입니다."

차례가 될 때쯤이면 지금 노인홈이 절실히 필요한 분들은 이 세상사람이 아니잖은가.

"나카소네 총리가 전후 총결산이 되었다고 하지만 재일 한국인 고령자 복지 문제는 역사인식이 필요합니다. 그런 의미에서 국제번호 제 1호의 신청입니다."

나는 힘을 주어 설명을 하였다. 그는 웃으며 말했다.

"그럼 외무성이나 후생성으로 가야겠군요. 우리로서는…."

나는 일단 물러났다. 그리고 후생성으로 갔다.

"외국인을 위한 노인 홈은 지금까지 허가된 적이 없습니다. 한국인 노인홈을 허가하면 일본에 살고 있는 그 외의 외국인, 예를 들면, 미국인, 중국인, 베트남인 등도 허가해 달라고 요구하니까요."

"이해합니다. 하지만 그들 나라들은 앞으로의 문제지만,

지금 일본에서 죽어가고 있는 한국인 고령자는 당장의 문제입니다. 일본의 법에 따라 신청하겠습니다. 김치를 먹고, 한글을 사용하며, 아리랑을 부르고 또 한국인 직원을 배치하는 것은 운영방침으로 충분합니다. 한국에서도 공무원들이 전례를 남기는 것을 싫어합니다."

"아, 그런 일이라면 협력하겠습니다." 츠지 과장의 이해는 빨랐다. 5분만에 합의를 보았다. 그 날 신문은 이 사실을 크게 보도해 주었다.

"김치를 먹을 수 있는 노인홈 건설을 오사카부가 검토를 약속했다."

28 기사를 읽은 사람들

신문 기사를 읽은 사람들로부터
전화가 왔다.

"신문을 읽었습니다. 1만 엔의 회
원을 모으고 있다고 들었습니다. 이
회원이 되면 노인홈에 들어갈 때 무언가 특전이 있습니까?"

"한국에서 유학을 온 사람입니다. 정말로 이 일본 안에
한국인 노인홈이 생기는 것입니까? 기네스북에 실릴 사건
입니다."

"나는 조선에서 태어난 일본 여성입니다. 노인홈이 만들
어지면 놀러가고 싶은데요. 괜찮습니까?"

"나는 도쿄에서 작은 사업을 하고 있는 사람입니다. 신문

을 읽고 이것은 정말로 훌륭한 일이라고 생각했습니다. 제가 어려웠을 때 한국인에게 도움을 받은 적이 있습니다. 이번에는 제가 한국인에게 은혜를 갚고 싶습니다. 한번 사무실로 방문을 해도 괜찮을까요?"

오사카에 살고 있는 어느 할머니는 처음부터 싸움할 것 같은 말투로 전화를 걸어왔다.

"당신이 윤 상이요? 좋은 일을 하는 것은 당신 마음이겠지만, 조선인 노인을 모두 한국에 데리고 가 주시오. 뭐가 전쟁의 희생자요. 나는 끝까지 반대할 것이요."

힘든 일이었다. 이런 발언이 퍼지면 노인홈 만드는 것이 어려워지게 된다. 나는 정중하게 말했다.

"건강한 음성이네요."

"나도 노인이오."

"그렇다면 그 어려운 시대를 살아 오셨겠군요."

"물론이오."

"손자들도 많이 있겠군요."

"그런 건 왜 묻는 거요?"

"그 손자들에게 좋은 세상을 만들어 주셔야지요."

"당연하오. 나는 나름대로 좋은 일을 하면서 살아왔소. 옛날에 어떤 일이 있었는가 말하겠소. 조선이 독립했다고 해서 데리고 있던 종업원을 축하하여 전별금까지 주었소.

그 사람들은 고맙다면서 돌아갔지. 그런데 몇 년 후에 보니 다른 가게에 가서 근무하고 있었소. 그 후로는 조선인은 믿지 않기로 했소. 내말 알겠소?"

"예, 그러면 안 되겠지요. 무언가 특별한 사정을 이야기 하지 않던가요?"

"응, 조선에 돌아가니 사정이 다르다든가. 할 수 없이 일본에 돌아왔다고 이야기는 하더구면."

"바로 그것입니다. 적응된 곳으로 돌아오는 것이 인간의 본능입니다. 일본에 남아서 지금 고령이 된 한국인들은 거의가 그런 사정입니다. 속일 마음으로 할머니를 실망시킨 것은 아닐 것입니다."

"그것은 그럴지도 모르지만…."

"할머니, 그 사람들을 용서해 주십시오. 하나님이 마음의 평화를 할머니에게 주실 것입니다."

"당신은 그리스도 같은 말을 하는구면."

"이 노인홈은 그리스도의 사랑을 근본으로 만들 것입니다."

진땀이 났다. 모두 데리고 돌아가라며 화를 내는 할머니의 음성은 어느새 부드러워져 가고 있었다.

의외의 사람으로부터 전화가 왔다. 목포 출신으로 오사카에 살고 있는 Y 선배였다. 오래전부터, 그 분을 염두에 두

었었다. 응원을 부탁할 만한 동포였다.

"예, 윤입니다."

"신문에서 보았네."

"감사합니다."

"갑자기 이런 말을 하면, 어떻게 생각할지 모르겠지만, 걱정이 되어서…. 일본을 너무 좋게만 생각하고 있는 게 아닌가 하고. 착각을 하면 안 되네. 내 생각으로는 일본이 한국인을 위한 노인홈을 허가하지 않을 것이네. 그런 불가능한 일을 추진하는 것은 바보나 하는 일이야. 일본에서 모금할 생각은 하지 않는 게 좋을 것이네."

그는 아버지를 매우 존경하고 있다. 해방 후, 목포에 돌아가 보니, 일본 사람이 남기고 간 배에다 '윤치호의 배'라고 간판이 걸고 있었는데 이것을 부수어 공생원 강당 건물에 썼다고 자신의 부친이 해주신 이 이야기를 나에게 들려준 적이 있다.

"재일 동포 중에 마음만 먹으면 한 사람이 노인홈 10개라도 만들 만한 실력자가 상당히 있네." 나는 그와 같은 말을 수없이 들어왔다. 돈이 있고없고가 문제가 아니다. 재일 한국인들을 위한 노인홈이 없다는 것이 문제인 것이다. 나는 그의 말을 따를 수 없었다.

"윤 상, 지금 민단 주변에서는 어떤 소문이 있는지 아는

가? 일본에서 몇십 년 동안 살아 온 우리들도 하지 못했던 노인홈을 한국에서 온 당신이 할 수 있을 리가 없다고 들 말하네. 허가도 나올 리가 없고 그렇게되면 당신은 어떻게 되겠나? 잘 생각해서 행동하시게. 같은 고향사람이니까 하는 말이네."

"감사합니다. 선배님의 충고 명심하겠습니다. 그러나, 선배님, 이 노인홈은 가능합니다. 준공식에는 꼭 와 주십시오."

선배는 실망하는 듯했다.

"이런 바보, 그렇게도 모르겠는가."

화를 내고 싶었을 것이다.

후일, 준공식 때, Y 선배는 와 주었다. 서로 감개무량의 악수를 나누었다. Y 선배의 얼굴에도 기쁨이 가득했다.

29 고전무용보다 발레가 좋다

나는 꿈을 가지고 있다.

꿈은 항상 나를 새롭게 해 준다.
꿈을 먹고 크는 꿈나무처럼.

재일 한국인 노인홈. 그 안에 한국
의 그림 같은 밭, 천천히 흐르는 강, 평화로운 마을, 그리
고 한국이 자랑하는 청자나 백자를 구울 수 있는 가마를 만
든다면 노인홈을 통한 문화교류도 가능하지 않을까. 한국
의 흙을 가지고 와서 인간 문화재들이 청자 만드는 과정을
보여준다면 좋아할 것이라는 생각이 들었다.

그러나, 이 공간은 너무나 좁다. 580평 안에서 만들지 않
으면 안 되었다. 커다란 꿈을 조그맣게 축소하지 않으면 안

되었다. 설계가 중요하다. 복지시설을 전문적으로 설계하는 주식회사 신환경그룹과 한국대학의 고전건축의 전문가에게도 기본 설계를 의뢰했다.

그러던 중 이 토지의 주인인 히라야마 씨 부인에게서 전화가 왔다.

"우리 아들이 1급 건축사인데 설계를 맡겨 주십시오."

그는 대학에서 강의도 하는 엘리트로 먹고살기 위해 설계하는 것이 아니라 재미있기에 설계를 하고 있는 듯보였다. 아버지가 귀화해서 그도 한국계 일본인이었다. '고향의 집'을 설계하고 싶은 마음이 별로 없어 보였다. 한국이 싫으냐고 물어보았다.

"그렇지 않습니다. 실은 나의 설계는 고전무용 쪽이 아닙니다. 발레 쪽입니다. 이번 노인홈은 보다 한국적인 것을 요구하고 있는 것 같아서…."

어머니로부터 말은 들었으나 연락을 안 했다는 것이었다.

"나는 나의 예술성을 추구하고 싶습니다. 조건 없이 경쟁의 기회를 주신다면 저도 이 지역의 사정을 알고 있으니 관심은 있습니다."

매력을 느꼈다. 뚜렷한 철학이 있어 보였다.

3군데로부터 기본 설계도가 손에 들어왔다. 각각 가지고 있는 독특함이 있었다. 한국교수의 설계는 훌륭했다. 신환

경설계는 평면도는 좋았으나, 개성이 없었다. 히라야마 씨의 설계에 모두 집중했다.

태양 빛이 잘 들어오고 확 트인 천장이 좋았다. 평면도도 동선이 짧아서 좋았다.

위원들은 합의를 보았다. 이 설계도를 오사카부에 보였을 때, 모두들 "재미있군요"하는 반응을 보여주었다. 그래서 설계는 히라야마 씨에게 부탁하기로 했다.

히라야마 씨에게 서울을 보여주고 싶었다. 인사동 골목이나 신라호텔, 하이얏트 호텔을 보면 뭔가 한국적인 것을 창조할 수 있으리라는 기대였다. 아니나 다를까, 그는 두 눈을 커다랗게 뜨며 흥미를 보였다. 한국의 민예품, 골동품 등을 샀다. 서울이 이렇게 변하고 멋진 도시인지 몰랐다고 했다. 그 후 그는 성실하게 설계를 해 주셨다.

그 당시, 일본은 거품경제가 만연하던 시절로 돈을 쓰지 않겠냐고 은행지점장들이 가게를 방문하던 시대였다. 일본의 은행은 친절하고 문턱이 낮다고 생각했으나 그것은 나의 잘못된 판단이었다. 모두가 거품경제로 방향감각을 상실하고 있었다. 건축현장에는 일할 사람이 없어서 하루일당이 3만 엔, 5만 엔, 부르는 게 값이었다. 집을 저렴한 가격에 지어줄 건축회사가 문제였다.

가지마건설 회장에게 부탁해 보았다. 한참 후에 회신이

왔다. 뜻있는 일에 참여하고 싶으나 회사의 사정으로 어렵다는 정중한 내용이었다. 건설회사에 집을 지어 달라고 부탁했는데 회사의 사정이라니, 그것도 일본을 대표하는 회사가 아닌가. 결국 바쁘니 조그마한 일을 할 수 있는 시간이 없다는 뜻으로 해석되었다.

목포 공생원에 아동식당을 기부해 준 오우라 사장에게 의논을 해 보았다. 실마리가 풀릴 것 같은 기분이 들었다. 견적서를 보니 7억 8천만이라는 숫자가 적혀 있었다. 예산은 5억 5천만 엔이었다.

어느 날 30대 중반 정도의 젊은 청년이 찾아왔다.

"이 홈의 건설에 흥미가 있어서 찾아왔습니다. 나는 음악을 좋아하는 사람이지만 먹고살기 위해서 건설업에 관계를 하고 있습니다. 설계사 히라야마 씨는 내가 좋아하는 설계사입니다. 설계가 재미있을 것 같습니다. 예산은 어느 정도로 생각하고 있습니까?"

"5억 5천만 엔이요. 이 중 보조금은 2억 5천만 엔이며 나머지 3억 엔은 자체 부담으로 지금 모금을 하고 있습니다."

"모금은 어떻게 하고 있는지요?"

"공적 보조금을 제외하고 1만 엔을 기부해 주는 사람 3만 명이 있으면 노인홈이 세워집니다. 교회나 라이온스 클럽, 로터리 클럽 등에 3만 회원의 한 사람이 되어달라고 요청하고 있습니다."

"돈은 모아집니까?"

"어렵지요. 그러나 시간이 문제입니다. 집을 지은 후 잔금을 1년쯤 기다리신다는 각오가 있다면 참여해 주세요."

그는 기가 막힌 얼굴이 되었다.

"보증해 줄 사람은 계십니까?"

"없습니다."

"준공될 건물의 담보는 어떻습니까? 노인홈 토지도…."

"사회복지법인의 토지나 건물, 재산은 담보가 되지 못합니다."

"솔직하고 용기도 대단하시군요."

그는 잠시 생각을 잠기더니 드디어 고개를 들고 나를 말끄러미 바라보았다.

"지불을 약속대로 지켜주실 수 있습니까?"

"지킬 수 있습니다. 어떤 일이 있어도 지키겠습니다. 나의 재산은 그것뿐입니다."

"알겠습니다. 나의 부모도 한국인입니다. 실은 당신에 관해서 들은 적이 있습니다. 훌륭한 일을 하고 계시더군요. 나도 협력하겠습니다."

나는 감격을 했다. 고마운 사람이다. 나의 약한 입장을 이해해 주었다. 서로 악수를 나누었다. 그는 결국 모두가

홀륭한 건물이라고 칭찬하는 노인홈, '고향의 집'을 지어
주었다.

설계사 히라야마 씨의 부모님도 준공식 때 와주었다. 전
가족 총출동으로 손자까지 데리고 노인홈의 위용을 바라보
다 눈물을 훔치면서 나에게 말했다.

"감사합니다. 나의 아들이 이렇게 훌륭한 건물을 설계하
다니요. 저는 죽어도 여한이 없습니다."

나는 깊이 고개를 숙였다.

부모와 자식간의 정은 이렇게 끝이 없는 것일까. 세상에
는 이런 일도 있는 것이다. 모두들 돈, 돈 하지만, 이런 감
격스러운 일도 있지 않는가.

30 사전 협의

  사전 협의, 세상에 태어나서 처음 들어본 단어였다. 히라야마 설계사는 사카이시의 사전협의를 거치려면 6개월은 걸려야 한다고 했다.

  "무슨 협의인데 6개월이나 걸립니까?"

  "노인홈을 짓는 대지가 자연녹지로 되어 있어 사카이시의 허가를 받아야 합니다."

  개발 허가를 받으려면 인근 지역주민의 동의를 얻어야 하고, 하수구 통로를 만들어야 하며, 전기, 가스, 소방서를 거쳐야 하는 항목이 무려 20개가 넘는다고 했다.

  히라야마 설계사는 사카이시청을 방문하는 데 나에게 동

행을 요구했다. 아는 사람이라고는 한 사람도 없는 내가 가서 도움이 될 것 같지 않았다.

공무원들의 책상이 잘 정리되어 있지 않은 것이 어디나 똑같았다. 앉으면 얼굴이 보이지 않을 정도로 책상 위에 서류 뭉치들을 쌓아놓고 있는 직원도 있었다.

출입구에서 서너 발 들어가니 "업자는 들어오지 말고 명함을 놓고 가세요"라는 팻말이 있었다. 한국에서는 볼 수 없는 풍경이다. 관(官)과 업자와의 관계를 철저하게 구분하고 있었다. 민주화된 사회에서 저렇게까지 할 필요가 있을까. 한국 같으면 "잡상인 출입 금지"라는 표시가 가끔 있기는 하지만…. 이런 생각을 하면서 과장이 있는 곳으로 들어갔다.

과장은 친절했다. 나의 여러 가지 질문에 성실하게 대답해 주었다. 고령복지과에도 손수 안내해 주었다. 옆에서 히라야마 설계사는 싱글벙글 했다.

재일 한국인 노인홈에 관한 기사를 신문과 TV에서 크게 보도해 주어 사카이시의 고령복지과 직원들도 우리를 반갑게 맞아주었다. 매스컴의 위력을 실감하는 순간이었다.

서류를 검토하던 고령복지과 직원이 재일 한국인 노인홈 만들기 회의 임원 명단과 발기인을 보고 조심스럽게 말했다.

"일본을 움직이고 있는 거물들이 참가하고 있군요. 대단합니다."

이런 관심의 표시가 고마웠다.

"일본인의 양심입니다. 지금까지 대접받지 못하고 있는 재일 한국인 노인들에게 인간다운 삶을 보장해주자는 데 찬성해 주신 분들입니다."

그 직원은 더욱 의아한 표정을 지으면서 말했다.

"우리들은 누구에게나 평등하게 대하고 있는데요."

"차별이란 생리적으로 싫어서 감정을 표시하는 경우가 있고, 자신도 모르는 사이에 행해지는 경우도 있습니다. 재일 한국인과 외국인에 대한 일본의 차별은 후자 쪽에 더 가까운 것 같습니다.

말하자면, 당신이 미국 사람 100명이 생활하고 있는 양로원에 들어갔다고 상상해보십시오. 먹을 것은 버터나 치즈, 햄버거에 비프스테이크밖에 없다면 밥에 된장국, 생선이 그립지 않겠습니까? 같이 생활하는 사람이 일본인이라면 옛날 이야기도 할 수 있고, 서로 통하는 점이 있으나 미국 사람이라면 생활습관이 다르니까 불편함이 있을 겁니다.

마찬가지로, 재일 한국인 노인들은 일본 사람들이 있는 양로원에서 말도 다르고, 먹는 것도, 생활 습관도 다르지만 불편을 참고 있는 겁니다. 이것을 일본인 관리들이 모르고 있을 뿐입니다. 그래서 모르는 사이에 차별이 행해지는 겁니다.

그렇기 때문에 고령화되어 가는 일본 사회에 재일 한국인의 고령화라는 것이 또 하나의 문제라는 점을 신문을 통해 일본에게 알린 것입니다. 여기 발기인들은 그 기사를 보고 찬성을 표한 분들입니다.

행정 업무를 담당하시는 분들로서는 규정에 의해 판단하시겠지만 사회의 변화에 따라 규정이 바뀌어야 할 필요도 있는 겁니다.

사회 사업가에게 중요한 것은 사람들의 의식을 변화시켜 보다 좋은 사회를 만드는 일입니다. 지역 사회의 문제점을 발견하고 그 문제를 세상에 알리고, 많은 사람들이 함께 생각하고 참여하여 스스로 문제를 해결해 나가도록 돕는 것입니다.

재일 한국인 노인 문제는 한국인만의 문제가 아니라 일본인의 문제요, 이 노인들이 많이 살고 있는 지역의 문제입니다."

나는 단숨에 나의 생각을 폭발시켰다. 속이 후련했다. 말을 하고 나니 그 직원이 이야기했다.

"처음 들어보는 이야기입니다. 우리 일본의 행정이 많이 뒤떨어졌다는 이야기로 들리는데요."

"사회에는 역사가 있고, 그 역사 속에 문화가 있습니다. 일본인의 오랜 생활과 습관이 문화라고 할 수 있지요. 필요에 의해 여러분이 만들어 놓은 제도나 습관을 비판할 생각은 없습니다. 다만 일본인의 생각과 다른 습관과 문화를 가진 사람들이 일본 안에 많이 있다는 것입니다."

"사카이시에는 재일 한국인이 얼마나 되죠?"

"9천 명 가량 되죠."

"사카이 시민 83만 명 중에 9천 명이면 1%군요."

"문제는 몇 퍼센트냐보다 재일 한국인들이 왜 일본 땅에 살고 있는지에 대한 일본인의 역사 인식입니다. 로터리 클럽을 창설한 해리스는 천 명의 친구를 가져도 한 사람의 친구를 소홀히 할 수 없다고 했습니다. 일본에는 외국인이 점점 많아지고 있습니다. 독일 정부는 외국인을 고용했더니 사람이 들어오는 것이 아니라 문화가 들어왔다고 했습니다."

"그럼 우리의 전통 문화가 오염되겠네요?"

"그렇지는 않지요. 요즘 국제화란 다른 생각이나 문화를 인정하는 것을 의미합니다. 옛날에는 인도나 중국, 조선을 거쳐서 많은 문화가 일본으로 들어오지 않았습니까? 그리 나쁜 것만은 아닙니다."

"윤 상은 코스모폴리탄이군요."

"제 운명이죠. 2007년에 일본의 인구는 1억 2천 6백만 명을 정점으로 감소하기 시작합니다. 21세기 중반에는 그 수가 절반으로 줄어들 겁니다. 일본의 경제 수준을 유지하기 위해서는 지금만큼 인구가 필요합니다. 외국인의 손이 절실해지게 되는 겁니다. 문화가 틀린 재일 한국인과 공생하는 훈련은 21세기 일본을 위해서 귀중한 경험이 될 것입니다."

"미국처럼 합중국이 되겠네요?"

"인종이 혼합되고 국경이나 국적이 의미가 없는 인간존중 시대가 오겠지요."

"혁명 같은 이야기네요."

"자연스런 현상을 말한 것뿐입니다. 일본에 와서 좋은 점도 많이 배우고 있습니다."

"어떤 점을요?"

"연합과 협회가 잘 되어 있어요. 수도과의 직원이 국, 과가 다른 직원과 연락해서 함께 미팅하는데 잘 하더군요. 국이나 과가 다르면 국장과 과장 허락 받느라 곤란한 것이 많을 텐데요."

"어려움이 많으시겠죠?"

"네. 관리들이 사용하는 일본어가 어렵습니다."

"오사카 사투리 때문인가요?"

"예스인지, 노인지 알 수가 없어요. 생각해 보겠다고 하기에 기다렸는데 연락이 없어요. 전화를 했더니 그 직원이 당황하더군요. 사전 협의라는 제도는 어떻게 생긴 겁니까?"

"글쎄요."

"일본의 공무원이 똑똑하다는 이야기는 들었는데, 과연 지혜로운 제도라고 감탄하고 있습니다."

"어떤 면에서요?"

"이해관계가 얽혀 있는 건축이나 지역개발 허가에 대하여 사전에 관계 법령 및 지역사회의 이해 관계자와 협의하도록 되어 있는 점이 그렇죠. 사전 협의가 안되면 서류접수조차 못하도록 되어 있더군요. 사장이나 고위 간부들은 서류가 접수되지 않았으니 압력단체와 부딪히지 않아도 되고요."

이 사전 협의 과정은 사카이시의 친절 가운데서도 6개월이나 걸렸다. 그리고 개발허가가 나왔다. 사카이 시장이나 국장이나 과장의 명의가 아니었다. 건축 주사 명의로 허가가 난 것이다.

 **영웅을 움직이는 힘**

오차노미즈의 기독교회관 안에
있는 공생복지재단 도쿄사무소에는
5, 6명이 일하고 있었다. 해외 아동
관계를 담당하고 있는 미쯔하시 씨,
노인홈을 담당하고 있는 이케도 씨, 파트타임의 하야미
씨, 자원봉사자인 이마무라 씨와 그 친구들, 그리고 우리
부부다.

여기에 스가하라 분타 씨의 부인인 후미코 씨가 가세했
다. 공생복지재단 도쿄사무소 소장이라는 직책으로, 노인
홈을 만드는 모임의 담당자를 겸해서, 물론 보수는 전혀 없
고 순수한 봉사였다.

후미코 씨는 검소했다. 일류배우의 부인이라는 화려함과는 거리가 멀었다. 누구에게나 친절하게 대해 주셨다. 사무실의 분위기는 매우 밝았다.

알고 있는 사람도 많았다. 나 같은 사람은 비교도 못 할 정도였다. 전 외무장관의 이토 마사요시 씨, 전 경시청총감의 하라 후미베 씨, 전 후생장관의 하야시 요시로 씨, 중의원, 일본국유철도 총재였던 다가키 분베 씨, 일본무역진흥회장의 미즈가미 다츠조우 씨, 아사히신문의 이치리키 히데오 씨, 요미우리 신문사의 마루야마 이와오 씨 야구선수 장훈 씨, 작가인 이노우에 야스시 씨, 주식회사 덴츠의 나리타 사장, 이런 분들에게 협력을 부탁했다.

아트디렉터의 아사바 가즈미 씨, 현대출판사 기무라 요시미 사장의 부인, 아사히신문사 기자 기쿠치 구조 씨가 함께 회보를 만들어 주셨다.

이런 분들에게 노인홈을 만드는 모임의 발기인이 될 것을 청했다. 효과는 즉시 나타났다. 기대 이상의 성과였다. 현대사회의 영웅은 스가하라 분타 씨와 같은 사람이 아닐까?

후미코 씨는 상당히 적극적이어서 분타 씨와 함께 목포를 방문해 주기까지 하셨다. 후원자가 되어 주신 것은 물론이다. 한국을 다녀와서 분타 씨는 다음과 같은 글을 썼다.

'은희는 어떤 꿈을 가지고 있을까? 은경이는 나를 따라 줄까?' 후원자가 되어 처음으로 (이들)쌍둥이를 만나러 가는 한국행 비행기 안에서 마음이 들뜬 자신을 발견하고 놀랐습니다.

'나는 배우이다. 아버지역도 해보았다. 지금은 연기가 아니다. 정말로 부모가 되어 보자.' 그러한 내 나름대로의 생각은, 목포 땅에서 아이들의 얼굴을 본 순간 간단히 실현되었습니다.

원조라는 것은 국가의 규모로 하는 것이 아니라 이렇게 개인도 할 수 있으며, 오히려 그 편이 생각날 때 바로 실행할 수 있는 이점도 있고, 또 진실과 마음이 통하는 원조가 될 수 있는 것이 아닐까 생각합니다.

후미코 씨는 우리들이 오사카에 와서 노인홈에 관한 일에 열중하고 있는 중에도 도쿄에서 우리를 지원해 주었다. '아시아 프렌드십(Asia friendship)'이란 자원봉사자 단체를 만들어 자선 골프대회를 열어 그 성금을 노인홈 만드는 데 보내 주셨다.

분타 씨 부부의 이러한 활동은 재일 한국인들에게 커다란 영향을 주었다. 오사카상은 상우회에서는 분타 씨를 초대해 골프대회를 열어 성금을 모아주셨다. 교토 한국인 실업가 부인들은 분타 씨를 초청, 강연회를 주최하여 성금을 모아 노인홈에 보내 왔다.

분타 씨에 대한 기사가 아사히신문의 '사람'이라는 난에 소개되었다. 감격한 한국계 실업가인, 하야시 다케시 씨도 기금을 보내 주셨다. 중앙토지주식회사의 가츠다 다다오 사장도 기꺼이 참여해 주셨다.

어느새 우리는 후미코 씨 부부와는 가족과 같은 사이가 되었다. 후미코 씨 부부는 무조건 우리를 도와 주셨고, 우리는 무조건 받기만 했다. 앞만 보고 달려야 했던 우리는 일일이 그때마다 인사 드릴 예의범절을 지키지 못했다.

노인홈이 완성되고, 비교적 궤도에 올랐을 때, 한국에서 친구들로부터 초등학교 동창생 하나 없는 일본에서 무슨 힘으로 그렇게 대단한 일을 해냈느냐는 질문을 받았다. 나는 스가하라 분타 씨 부부의 고마움을 이야기했다.

재일 한국인 노인홈을 만드는 모임의 발족 10주년을 맞이했을 때, 무언가 보답하고 싶어서 분타 씨의 프로필이 필요하다고 부인에게 이야기했다. 훈장 추천을 위해서였다. 그러나 분타 씨의 대답은 "대가를 바라고 한 봉사가 아니었어요. 훈장은 필요 없습니다. 윤 선생의 마음만 받겠습니다"였다.

역시 훌륭한 분은 다르다는 생각이 들었다. 작품을 다루는 배우이기 때문일까? 세상의 욕심 따위는 관심이 없다는 대범한 뜻이었다.

분타 씨는 세상의 모든 사람들이 친밀감을 느끼는 배우이다. 그가 영웅이라고 한다면, 그 영웅을 움직이는 힘은 무엇인가? 부인 후미코 여사라는 느낌을 지울 수 없다.

32 움직이는 청구서

오사카부로부터 법인허가가 어렵
게 나왔다. 한국에서 88올림픽이
열리던 해였다.

어느 날, 나는 사카이시 야스이초

에 있는 한국 민단 오사카지방 본부 사카이지부를 방문했
다. 키가 크고 말끔한 인상의 구회상 지단장이 경상도 사투
리가 섞인 한국말로 "어서 오십시오. 수고하십니다"라고 반
겨주었다. 오랜만에 한국말을 듣는 순간, 눈시울이 뜨거워
지고 가슴이 뭉클해졌다.

"젊은 부부가 와서 고생하고 있다는 이야기를 듣고 있습
니다. 오늘은 정말로 잘 오셨습니다. 그렇잖아도 소개해 드

리고 싶은 분이 계십니다."

어느 순간부터 구 지단장은 일본말을 하고 있었다.

"사실 윤 상은 대단한 일을 하고 계시는 겁니다. 민단간부로 있는 10명의 사장이 노인홈을 만들자는 꿈을 가지고 있었지만, 그게 그렇게 쉬운 일이 아니더군요. 절실히 체험했지요. 모두 돈은 가지고 있는데…."

나는 기뻤다.

"사카이시와 노인홈은 특별한 인연이 있군요."

"그렇지요. 여기에 살고 있는 우리들도 할 수 없는 일을 한국에서 온 윤 상이 시작하셨다는 신문 기사를 보았을 때는 불가능하다고 생각했지요. 여기 사정도 모르는 사람이니까요. 모두 윤 상을 믿지 않았습니다."

우리 부부는 웃을 수밖에 없었다.

"그런데, 윤 상 부부는 묵묵히 하나 하나 해결해간단 말입니다. 모두 신기한 일도 있구나 하고 지켜보고 있었죠. 이제야 겨우 모두가 인정하기 시작했답니다."

손님이 들어왔다.

"하루야마라고 합니다. 한국이름은 최도웅입니다. 한국말은 잘 못하므로 이해해 주십시오. 그런데, 지단장, 히라가와 사장에게는 연락을 했을까요?"

"사무부장, 히라가와 씨 계신지 확인해 보게."

사무부장은 전화를 했다.

"계신답니다. 빨리 오시랍니다."

"갑시다!"

하루야마 씨는 나를 재촉하였다.

히라가와 빌딩은 사카이 히가시 역 근처에 있었다. 매우 큰 건물이었다. 5층에 있는 사장실은 넓고 훌륭한 방이었다. 영화 속이 아닐까 할 정도로 호화로웠다. 50대 중반으로 보이는 히라가와 사장은 인사가 끝나자 우리 부부에게 말했다.

"일본에서 처음으로 한국 노인홈을 세우는데, 그것이 우리들이 살고 있는 사카이시라니 기쁩니다. 한국인으로서 자부심을 느낍니다. 이거 조금밖에 안 되지만, 성의입니다."

사장은 하얀 봉투를 나에게 주었다. 나는 정중히 받아들고 구단장을 보았다. 열어 보라는 눈짓을 하였다. 나는 봉투를 열어보았다. 수표가 들어 있었다. 구 지단장에게 드렸다. 일금 5백만 엔이었다.

나는 꿈을 꾸고 있는 것 같은 기분이 들었다. 모두 꿈속의 사람으로 보였다. 하루야마 씨가 말했다

"한 사람, 두 사람 기부할 사람이 더 나올 것이오. 우리들의 모임이 있습니다. 거기서도 지금 이야기가 진행되고 있습니다."

"예, 감사합니다."

고개를 숙였다. 단장이 되돌려준 봉투를 손에 들고 나는 히라가와 사장에게 말씀드렸다.

"재일 동포로부터 처음으로 이렇게 큰돈을 받았습니다. 재일 한국인 노인홈 '고향의 집'을 세우는데 큰 힘이 될 것입니다. 반드시 세우겠습니다. 감사합니다. 일생동안 잊지 않겠습니다."

"기대하겠습니다."

히라가와 사장은 온화하게 격려해 주셨다.

이 사실은 민단사회에 커다란 밀물같은 기세로 퍼져나갔다. 사카이시의 구 지단장은 총력을 다해서 우리들을 도와주었다.

하나의 기쁨은 또 하나의 기쁨을 불러주었다. 아사히 다고키지라는 젊은 실업가가 있었다. 재일 동포 2세인 그는 부드러운 인상이었으나, 사고방식은 일본식이었다.

"저는 일본 전통가옥을 짓는 아사히 공무점이라는 건축회사를 운영하고 있습니다. 일본사회에서 배운 것은 신용입니다. 신용 하나로 사업을 해 왔습니다. 덕분에 거래처도 3백 군데 정도 되는데, 한국계 친구도 일본 친구도 있습니다. 이들에게 이야기해서 가능한 한 도움이 되도록 하겠습니다."

그로부터 며칠이 지나서, 사카이 민단으로부터 연락이 왔다. 구 지단장과 아사히 씨가 있었다. 구 지단장은 만면에 웃음을 지으며 "윤 선생, 이거 받아주시지 않겠어요?"라며 봉투를 건네주었다.

"뭡니까?"

내가 놀라며 물었다.

"아사히 씨가 노인홈 건설을 돕고 싶다는 겁니다. 모금한 것이 2천만 엔, 아사히 씨가 낸 것이 천만 엔, 합계 3천만 엔입니다."

나는 봉투를 받아들면서 아사히 씨를 보았다. 그리고 어떤 말도 할 수 없었다.

"감사합니다."

무슨 말인가 하고 싶었다. 감격한다는 것은 이를 두고 하는 말인가? 단지 감사하다는 말 외에는 아무 말도 할 수 없었다. 세상이 밝아오는 것 같은 기분이 들었다. 아니 긴 터널의 어둠에서 겨우 빠져나와 밝은 빛을 보는 것 같았다.

어느 날, 오사카 재일 한국부인회로부터 전화가 왔다. 노인홈 건설현장을 보고 싶다고 했다. 난처했다. 현장에 가보았자 지금 한창 측량을 하고 있는 단계여서 풀들만 무성할 텐데 그것을 보고 실망하지 않을까 걱정이 앞섰다.

몇 명의 부인들이 찾아왔다. 그리고 모두 놀란 표정들이다.

"건축이 상당히 진행되고 있다고 생각했는데, 아직 기공도 하지 않았나요?"

대표 김지희 씨가 물었다.

"개발 허가를 받는데 6개월이 걸렸습니다. 내년 3월쯤에야 기공이 될 것입니다."

"완공되는 것은 틀림없겠지요?"

"물론입니다."

"그러나 일본 정부가 재일 한국인 노인홈을 허가해 줄까요? 우리는 일본을 믿을 수 없습니다."

대표는 일동과 눈으로 합의를 하고 핸드백에서 봉투를 꺼냈다가 다시 집어넣었다.

"우리들이 옛날부터 조금씩 모은 것이 천만 엔이 되었습니다. 이것을 노인홈 만드는데 드리려고 왔는데 이 다음 준공식 때 전달하겠습니다."

"감사합니다, 걱정 마십시오. '고향의 집'은 꼭 완성될 겁니다."

나는 힘주어 말했다.

긴 터널에서 뚫고 나오니 눈앞에는 넓은 세상이 기다리고 있었다. 꿈만 있었던 옛날에는 어떻게 살았을까? 힘이 생겼다. 나의 몸 안에서 폭발할 것 같은 화산이 꿈틀거리고 있었다.

사카이 민단으로부터 또다시 연락이 왔다. 구 지단장이 싱글벙글 웃고 있었다.

"이곳 민단 사무실을 개축했는데 말입니다. 코난데코의 아라이 사장이 대금을 안 받겠다지 뭡니까. 할 수 없어서 회사에서 가지고 갔더니 노인홈을 세우는 곳에 주라고 하더군요. 그래서 윤 선생님을 부른 것입니다. 하하하…."

이것은 또 무슨 행운인가. 나는 구 지단장의 얼굴을 멍하게 보았다. 감사하다는 말이 너무 평범해서 나는 구 지단장과 함께 웃어 버렸다.

세상에는 이런 일도 있다. 단돈 한푼이라도 빼앗길까 눈에 쌍심지를 켜고 싸우는 것이 세상만사인데, 여기에 이런 사람들이 살고 있다.

또, 어느 날, 유내형 오사카 총영사로부터 전화가 왔다. 신문보도를 보았는데, 잠깐 오사카의 유지들에게 인사를 하지 않겠느냐는, 생각지도 못했던 권유였다.

며칠 후, 나와 아내는 오사카 로열호텔로 갔다. 점심시간이었다. 회의실로 들어가니 20명 정도의 노신사 분들이 죽의자에 앉아 계셨다. 총영사는 살짝 귓속말로 속삭였다.

"자네를 좀 나무라겠네, 달리 생각 말게."

아내와 나는 묘한 얼굴을 하고 자리에 앉았다.

"오사카에 계시는 여러분들을 오늘 이 자리에 모신 것은 실은 윤기라는 사람을 여러분 앞에서 야단을 치기 위해서입니다. 오사카에 와서 일본 어디에도 없는 한국인 노인홈을 세운다고 할 것 같으면 처음부터 유지이신 여러분들에게 인사를 드리는 것이 마땅하다는 생각이 들어, 오늘 이렇게 불러낸 것입니다. 윤기 씨, 알겠어요?"

"예."

나는 송구스러울 따름이었다. 유지들이 어떤 기분으로 총영사의 이야기를 들었는지 나는 모른다. 나는 자식에게 주는 부모의 따뜻함과 더불어 뜨거운 사랑을 맘 속 깊이 느꼈다. 총영사는 나를 도와주도록 유지들에게 부탁했다.

"여러분을 한분 한분 방문한다는 것은 이곳의 사정에 익숙하지 않은 윤기 씨에게는 힘든 일입니다. 게다가, 여러분에게 폐가 될지도 모르기 때문에 이런 모임을 가진 것입니다. 도와주십시오. 이런 일은 누구나 할 수 있는 일이 아니잖습니까? 여러분이 도와주시지 않는다면 노인홈은 불가능할지도 모른다는 걱정이 앞섭니다."

훌륭했다. 경과를 설명하라고 하셨다. 아내가 앞으로 나갔다. 침착해 보였다. 건설취지, 목적, 규모, 모금방법 등의 순서로 간단명료하게 설명했다. 아내가 자리에 돌아왔을 때였다. 오사카 흥은 이희건 이사장이 나를 향하여 큰 소리로 물었다.

"자네, 일본인 상대로 돈이 모아질 거라고 생각하는가?"

"예, 그렇게 생각하고 있습니다."

"지금까지 얼마 정도 모았지?"

"지금 막 시작한 단계입니다."

"그만두게! 그들이 돈을 낼 것 같은가? 한일 친선협회를 보면 알 거요. 그것은 한한 친선협회요. 돈을 내는 것은 우리뿐이요. 헛수고일 거요."

"예, 저도 알고 있습니다."

나는 자리에서 일어섰다. 이사장은 큰소리로 물었다.

"어떤 식으로 돈을 모으겠소?"

"한 신문기자가 저에게 별명을 달아 주었습니다. '움직이는 청구서'라고 말입니다. 제가 하고 있는 일은 어차피 돕지 않으면 안 되겠다는 생각을 가지게 해서 그런 별명이 붙은 겁니다."

장내를 둘러보았다.

"그러나, 일본에 와서 보니 재일동포의 여러분은 일방적으로 갖다 바치고만 계시지 않습니까? 조국에, 고향에, 친척에게, 공공사업에, 새마을 사업에 얼마나 많은 기부를 하셨습니까? 올림픽 때에는 조국애에 불타서 100억 엔이나 기부하셨다고 들었습니다. 게다가 모국에서 스포츠 단체나

예술단이 오면 그때마다 많은 기부를 하고 있지 않습니까?"

장내는 물을 끼얹은 듯 조용했다.

"일본 사람들의 순수한 마음을 모아서 그것을 기반으로 노인홈을 만들고 싶습니다. 적어도 그 정도의 양심은 일본인이 갖고 있다고 믿고, 또 갖고 있어야 한다고 봅니다. 그런 의미에서 이 노인홈 건설은 일본인의 양심의 건설인 겁니다. 일본인이 돈을 낼지 안 낼지는 결과를 보아주십시오. 저는 이 노인홈을 세우고 말겠습니다. 완공되면 그때는 꼭 와주십시오. 아무쪼록 잘 부탁 드리겠습니다."

나는 깊이 고개 숙여 인사를 드렸다.

33 진실의 꽃

어떤 호소를 그냥 듣고만 있을 수 없어서, 그 호소에 동참하는 것이 진실이라고 한다면 '재일 한국인 노인홈 만들기'에 협조를 구했을 때, 거기에 응해 주신 분들은 모두 그 진실의 꽃이었다. 그 꽃들은 여러 가지 색을 띠고 있었다. 또 여러 가지의 크기였다.

도쿄에서 크리스천 신문과 기독교 신문이, 사설에 노인홈 건설에 대해서 다루어 주었다.

'1평운동을 지원하자'라는 타이틀이었다. 많은 신문이 다뤄 주었다. 산케이 신문은 '스가하라 씨 부부 등이 동분서주'하고 있다고 보도해 주었다. 기금운동에 달려오신 분은 스가하라 부부와 전 주한대사 가나야마 씨라고 했다.

반응은 점점 커졌다. 낯 모르는 사람들로부터도 정성스런 격려의 편지와 함께 만 엔씩의 성의가 동봉되어 왔다. 감격의 극치였다. 그 편지내용이 실로 진심에 넘치는 것뿐이었다.

여기에 몇 개만 소개해 보겠다.

(전략) 저도 3월이 되면 67세의 나이가 됩니다. 몰랐다고는 하지만 전후에 알려진 기록이라든가, 신문, 도서 등을 통해서 알게 된 한국분들에 대한 부당한 처사에는 그저 송구스러울 따름이며, 이번에는 성의뿐입니다만, 송금해 드리겠습니다.

배상 따위는 할 수도 없습니다만, 죄송스러웠던 마음을 표할 수 있는 기회를 주신 것에 대해서 감사드리고 있습니다. 같은 세대를 산 사람으로서 아무쪼록 하루라도 빨리 자유롭게 쉴 수 있는 노인홈이 만들어지기를 기도 드리고 있겠습니다.

— 사이토 아이코

다나베 씨는 아사히신문의 논단을 읽고 가장 먼저 나에게 달려와서 '한국에는 일본인을 위한 노인홈 나자레원이 있는데 면목없다'고 하신 분이다.

일본이라고 하면, 옛날 제국시대의 근엄한 모습을 연상하는 사람들이 많다. 특히 아시아에서는, 일본인 모두 천황의 심복이었던 옛날과 달라진 게 없다고 생각한다. 하지만 이런 상황이 현실이다. 일본도 변해가는구나 하는 느낌이 점점 강해지는 오늘날이다. 도쿄 아다치구의 이다 켄타로 씨는, 송금과 함께 이런 편지를 보내 주셨다.

여러 사람들의 힘은 대단한 것이구나 하고 소생은 약간 놀라고 있습니다. 제가 이전 뉴스에서 알게 된 것은, 우리 집 근처에 사시는 분으로 조선의 할아버지가 국민연금 때문에 난처해 하신 것을 본 적이 있습니다. 참으로 안 되었다는 생각에 관청 담당자에게 전화를 한 적이 있습니다.

이번에 신문에서 배우 스가하라 씨도 적극적이라는 것을 알고 저도 박봉의 신세이지만 촌지라고까지는 할 수 없는 적은 액수를 보내 드립니다.

재일 한국인 노인홈이 하루라도 빨리 완공되어 노인 분들이 편안하게 지낼 수 있는 날이 오기를 멀리서나마 기도하고 있겠습니다.

공생원의 후원자 중에 히다이 아키라는 분이 계신다. 공생원의 김영민이라는 아이의 후원자이시다. 공생원의 유학생인 P양이 이탈리아에 갈 때도 장학금을 지원해 주신 분이다. 이분으로부터도 편지가 왔다.

작년 말에, 제가 소속해 있는 시모노세키 히가시 로터리 클럽에 자매클럽 분들의 환영회 석상에서 저는 '마음의 가족' 운동에 관한 이야기를 하였습니다. 공생원의 역사, 과거의 한일관계로부터 설명을 시작해 참된 한일 우호를 위해서는 이 '마음의 가족' 운동이야말로 가장 적당한 것이니까 한국에 가장 가까운 시모노세키 로터리의 구성원으로서 한 사람이라도 많은 사람이 이 운동에 참여해 주기를 호소했습니다. 몇 분은 벌써 신청하신 것 같습니다. 또 재일 한국인 노인홈 설립의 모금에 관한 안내서가 와 있습니다만, 이것도 클럽으로서 협력하기로 했습니다. 미력하나마, 이 운동의 발전에 노력하고 있음을 알려 드립니다.

만 엔의 송금과 함께 온 다음의 편지는 우리들의 코끝을 찡하게 했다. 글씨가 아무래도 초등학생이 썼나 싶을 정도였다. 우리들은 울면서 읽었다.

처음 뵙겠습니다. 오모토라고 합니다.

제가 고베에서 이곳으로 온 지 2년 남짓밖에 안 되어 아무것도 모릅니다. 도쿄로 온 것은 자식들이 있기 때문입니다. 거기다가 남편이 쓰러져 반신불수가 되었습니다. 그래서 온 것입니다. 남편은 옛날부터 몸이 허약해서 그다지 움직여 본 적이 없습니다.

그래서 저는 고생을 했습니다. 저희들에게는 아무런 돈도 없습니다. 부끄러운 일입니다. 자식들도 집세를 내면서 고생하고 있습니다.

하고 싶은 말은, 아무튼 노인홈을 만드신다니 매우 기쁩니다. 하지만, 응원할 수 없어서 너무나도 유감스러울 따름입니다.

이것은 저의 성의입니다. 그야말로 화장지값이라도 보탬이 되기를 바라는 생각도 해봅니다. 학교는 2년 정도밖에 다니지 못해서 이 정도밖에 쓸 수 없습니다. 읽기 힘드시겠지만, 용서해 주십시오. 아무튼 열심히 해 주십시오. 실현되기를 기도하겠습니다. 감사합니다.

사카이시의 사토 씨는 한국은 일본의 바로 이웃이라고 생각해서, 16년 전부터 보이스카우트와 로터리 클럽 등을 통해 한국과 교류하고 계시는 분이다. 이분이 "내가 운영하고 있는 유치원에서 가까운 곳에 한국인 노인홈이 생기게 되니 기쁘다. 도움이 될 일이라면 언제든지 얘기하라"고 했다. 노인과 아이들의 교류도 생각하고 있다던 사토 씨는 다음과 같이 끝말을 맺었다.

기부를 하고 싶습니다만, 그다지 여유가 없어 몇 번으로 나누어서 기부하려고 하니 지로용지를 보내 주십시오.

도쿄사무소에서 가끔씩 자원봉사자로 와 주시는 구와바라 씨는 기다리고 있었던 것 같았다. 왜 빨리 모금 취지서를 보내 주지 않는가 하고 안타까웠다며 편지의 마지막에 다음과 같이 썼다.

여기에 3천 엔을 동봉했습니다. 이번 4월부터 매월 3천 엔을 노인홈이 완성될 때까지 송금할 생각입니다. 제가 할 수 있는 일로 일손이 필요하시면 부디 전화 주십시오.

어느 날 〈로터리의 친구〉라는 월간지를 받았다. 사카이시에서 안과의사를 하고 계시는 이노우 마츠요시 씨의 글이 실려 있었다. '봉사의 이념'이라는 제목으로.

망각을 잘하는 일본인은 오키나와의 반환으로 일본의 전후는 끝났다고 생각하고 있지만, 전쟁은 끝나지 않았습니다. 전쟁 중에 한국에서 일본으로 강제 연행된 후 일본에 잔류한 사람, 사할린에 남겨진 사람, 히로시마, 나가사키에서 원자폭탄을 맞아 그 후유증에 우는 사람 등 이들은 모두 나이 들고 고국을 떠나서 고독과 병과 생활고에 시달리고 있습니다.

일본인은 잊어버리면 그만일지 몰라도 한국인은 결코 잊을 수 없는 일입니다. 이들에게 편안함을 주는 것이야말로 일본인의 사명입니다. 적어도 각계의 지도자임을 자부하는 로터리인 여러분, 로터리클럽이 주장하는 봉사 정신으로 이들의 불행과 슬픔을 이해하고, 여러분의 행복과 기쁨을 나누어줍시다. 부디 재일한국인 노인홈을 만드는 모임에 협력해 주십시오.

노인이 되면 아이가 된다고 한다. 어린이에게 국경이란 개념이 없다. 노인이 되면 어린이처럼 국경이 없어질까?

이다시의 기쿠치 사치코 씨로부터 긴 편지를 받았다. 70을 넘긴 분이다.

오늘 보내는 돈은 겨우 6천 엔입니다. 양다리가 불편해서 우체국에도 다른 사람들에게 부탁해, 직접 동봉토록 했습니다.

사치코 씨는 아사히신문에서 우리들의 기사를 읽었다고 한 다음, 옛날부터 일본인이 조선인을 멸시하던 역사를 이야기했다.

저의 아버지는 신슈이다에서 외과의원을 1919년에 시작했습니다. 그때는 지금의 국유철도인 이다선이 10분의 1 정도 완성되었을 무렵으로, 제가 초등학교에 들어갔을 때에는 텐류천에서 시즈오카에 걸쳐서 공사를 시작했던 것으로 압니다만, 텐류천의 깎아지른 절벽을 폭파하는 위험천만한 공사였나 봅니다.

저는 초등학생이어서 아버지의 병원에는 무관심이었나 봅니다만, 너무나도 치명적인 상처를 입은 조선인이 들것에 실려 오는 일이 많았으며, 그때마다 환자가족은 합숙소를 쫓겨나 병실에 일가족 5, 6명이 동거해 다른 환자와 문제를 일으키는 경우가 많았는지, 간호사와 환자 운반원들 사이에 이야깃거리가 되어 저도 '왜, 조선인만 큰 상처를 입지? 상당히 느림보인가 봐' 라고 생각한 적이 있습니다.

그때 아버지는 "느림보라서 그러는 게 아냐. 발파 작업 같은 위험한 일은 일본인을 쓰지 않기 때문이지. 부상을 당하면, 합숙소반장은 모른 척 해버린단 말이야"라고 하셨습니다.

저는 처음으로 그런 말을 듣고, 어린 마음에도 그 불합리성에 충격을 받아 마음속 깊이 그 일을 새기게 되었습니다.

아버지는 기독교 신자였기 때문에 지불 능력도 없는 그들 환자를 돌본 것도 어렴풋이나마 알 것 같습니다. 그 이후로 조선인에 대한 저의 시각이 바뀌었습니다.

넓은 병원의 정원 어디에서나 많은 조선사람들이 모여, 조선풍의 장례식을 치르고 있었던 일, 일본인들이 처음 보는 그 풍습을 비웃었던 일, 오직 잡역으로만 조선인을 고용했던 일.

1923년 도쿄 지진 때, 아버지는 다른 의사와 함께 상경, 병자, 부상자를 구출하고 돌아왔습니다. 조선인이 우물에 독약 운운하는 유언비어를 듣고는 "미리 지진이 올 것을 알고 있었던 것은 조선인이란 말이냐? 조선인은 일상생활에 쫓겨 독약 따위는 사 둘 여유도 없어"라고 말씀하셨습니다.

그 후, 여자대학 기숙사에서 상급생 시계가 분실되었을 때 상급생의 한 명이 "김 씨가 틀림없이 가져갔을 거야"라고 지레짐작하고, 김현실 씨라는 서울에서 유학 온 크리스천의 짐을 조사했던 일도 있었습니다. 김 씨로부터 "식민지" "제국주의"라는 말을 듣고, 그 때까지 아무것도 몰랐던 저는 김 씨로부터 처음으로 조선의 실상에 대해서 이야기를 들었습니다.

저의 학교는 메지로 여자대학이었습니다. 기독교를 기반으로 하고 있어, 일상의 행사에는 기독교 색채가 농후했습니다. 그때 저는 17살, 처음으로 정치, 국가, 권력, 타민족에 대한 침략, 소위 인종 격리정책 등에 대해서 알게 된 것입니다.

학교를 졸업한 후, 가마쿠라에 친구와 함께 합숙을 갔는데, 양동이가 분실되었던 적이 있습니다. 근처 농부가 "저 놈들이다"라고 가르쳐 주어 찾으러 갔더니, 30대의 험악한 표정의 남자가 "뭐? 양동이 돌려달라고? 너희들 일본 놈들은 조선 땅을 훔쳤어. 양동이 하나 훔친 게 뭐가 나빠?"라고 고함을 쳤습니다. 저는 "미안해요"라고 기어 들어가는 소리로 사과했습니다. 이런 일이 겹치고 겹쳐, 저는 조선인에 대해서는 정말로 뭐라 할 수 없는 책임 의식 같은 것을 느끼고 있습니다.

아직도 마음속에는 서너 가지 어둡고 슬픈 추억이 있습니다. 저는 77살로 지병을 앓고 있습니다. 외출은 할 수가 없어서 저를 찾아 주는 사람 중 이 일을 이해해 줄 사람들(소수입니다만)에게 이야기해서 6천 엔을 모았습니다.

이것만으로 도중에 끝낼 수는 없습니다. 살아 있는 동안에는 계속할 생각입니다.

이이다시 오이테마치
이이다시 야마모토 여구후엔

위 두 사람과 저. 셋이서 모은 것입니다만, 워낙 적은 연금생활자인 탓에 참으로 보잘것없는 헌금입니다. 늦더위에 모든 분들의 건승을 기원합니다.

부자의 억만금보다도 더 소중한 조그마한 정성들은 일을 추진해 가는 우리들에게 피로를 느낄 틈이 없을 만큼 큰 힘이 되어 주었다.

34 긴 터널

온 밤을 한숨도 자지 못했다.

일본은 선진국이라 생각했다. 서류도 간단하리라 예상했는데 한국보다 더 까다로웠다. 사회복지법인 인가신청에 필요한 서류는 복잡했다.

법인인가가 3년에서 5년이 걸린다는 이야기를 들었을 때는 이해가 되지 않았지만, 막상 일본관청과 일을 해보니 급한 것이 없는 공무원들이었다. 한국 같으면 서류를 제출하면 언제까지 회신해 주도록 의무조항이 있으나, 일본에서는 관(官)의 힘이 민간인에 비해서 일반적으로 강했다.

일본사회에 재일 한국인 문제를 제기하면 정치인이나 관

료들, 기업인들, 그리고 그 지역사회의 지도자들이 앞장설 것으로 생각했으나 내 생각과는 너무나도 거리가 멀었다. 그리고 권력을 쥐고 있는 관리들의 힘은 막강한 것이었다. 그 힘은 공무원이 국민으로부터 신뢰를 받고 있는 것에서 비롯된 것이었다.

나의 사회복지법인 설립의 장애는 명칭부터 문제가 되었다. 재일 한국인 노인홈이라고 해야 할지, 재일 조선인 노인홈이라고 해야 할지…. 한국에서 자랐던 나의 감각으로는 재일 조선인이라는 명칭은 생각조차도 해본 적이 없었다.

마침 NHK에서 한국어 강좌를 개설하면서 한국어냐, 조선어냐를 가지고 서로가 합의점을 이루어내지 못한 나머지 NHK는 '안녕하세요'로 강좌이름을 정했던 그 시점이었다.

그러나, 조총련 사람들에게도 아픔을 줘서도 안 되는 일이었다. 생각 끝에 '마음의 가족'이라는 결론에 도달했다. 우리가 서로 혈연이나 지연, 사상은 달라도 한마음 한가족으로 같이 살아가는 '마음의 가족'이 어떨까? 우리들의 부모가 아니더라도 우리들의 마음의 가족으로 모시자.

그리고 조국에 돌아가지는 못하지만 일본에 그들의 고향과 같은 집을 만들어 같이 사는 것이다. '마음의 가족, 고향의 집'이라고 나는 하얀 종이 위에 써 보았다.

가슴이 뭉클해지고 뜨거워짐을 느꼈다. 일본 땅에 '고향

의 집'이 만들어진다고 생각하니까 윤석중 선생이 지은 '고
향땅'이라는 노래를 나도 모르게 흥얼거리고 있었다.

  고향 땅이 여기서 얼마나 되나
  푸른 하늘 끝닿은 여기가 거긴가
  아카시아 꽃잎이 바람에 날리면
  고향에도 지금쯤 뻐꾹새 울겠지.

  그것은 하나의 마술이었다.

  지금까지 있었던 조청련 단체의 항의가 끊겼다. 법인수속
의 서류를 접수받은 오사카부의 직원은 "좋은 이름인데요.
마음이 훈훈해짐이 느껴집니다"라고 하고는 여러 가지 난
제를 던져왔다.

  "재원(財源)은 확실합니까?"

  "니드는 조사했습니까?"

  "한국인 전용은 곤란합니다. 일본의 노인복지법은 평등
합니다. 역차별 문제로 비약될 소지가 있으니까요."

  나는 웃음이 나오는 것을 참았다. 이론적으로는 재일 한
국인만 대상으로 한다면 역차별이 되는 셈이다. 그러나 일
본 천지에 일본사람의 양로원은 3천 개가 넘는데 이제 겨
우 한국인 양로원 하나 만드는데 역차별이라니….

나는 그 하나하나의 문제를 해결하기 위해서 부지런히 돌아다녔다.

그때였다. 아사히신문에 커다란 기사가 실렸다. '재일 조선인의 고독한 죽음, 반년 후 맨션에서 발견. 츠루미구: 이국에서 또 한 사람'

기사의 개요는 다음과 같은 것이었다.

츠루미구의 맨션에서, 61세의 단신 생활을 해온 재일 조선인 남자가 작년 말에 아무도 모르게 병사, 반년이 지난 최근, 발견되었다. 친척이나 친구도 없이 아무도 몰랐던 고독한 죽음. 유골은 츠루미구 복지사무소에 인도되어 지켜보는 사람도 없는 가운데 화장되었다.

고령이 된 재일 한국 조선인의 고독한 죽음으로 최근, 각지에서 잇달아 이 사람들을 위한 특별한 노인홈을 만들자는 운동도 일어나고 있다. 이 남자가 살아온 인생은 뚜렷이 밝혀지지는 않았지만, 그 일본에서의 생활은 과거의 역사를 빼놓고는 얘기할 수 없을 것임에 틀림없다. 이국에서 일생을 마친 이 사람의 마지막 생각은 무엇이었을까.

십수년 전부터 츠루미구 이마츠키다 4초메에 있는 맨션 3층의 원룸에서 살았던 방래복 씨, 북한 국적으로 전라남도 출신. 가나야마 타이조라는 일본명을 쓰고 있었다.

맨션관리인의 이야기로는 최근, 모습이 보이지 않고 집세(월

세 2만 8천 5백 엔)도 1년간에 걸쳐 체납하고 있었기 때문에 이상하게 생각하고 있었다.(중략…)

이 달 21일 밤, 2층에서 물이 샌다고 해서 그 원인도 조사하기 위해서 문을 열고 방에 들어가니, 3평 정도 되는 다다미방의 이불 속에서 죽어 있었다.

츠루미 서(暑)에서 해부한 바에 의하면 병사로 보이며, 사망한 것은 작년 12월로 추정되었다. 츠루미서 등의 조사에 의하면 방 씨에게는 가족이나 친구도 없고 실내에는 가재도구도 거의 없었다. (중략…)

그는 고베에서 태어나 히로시마에서 자랐다. 전후, 도쿄에서 일한 뒤, 42년쯤부터 오사카로 와서 보온병 제조공장 등에서 일했다. 양친은 젊었을 때 죽어 친척은 없다. (중략…)

재일 한국, 조선인의 고독사에 관해서는 3년 전, 공생복지재단의 윤기 회장이 아사히신문의 '논단'에서 아이치현 내의 예를 들어 그 비참함을 호소한 것을 계기로 배우 스가하라 분타 씨, NHK의 이소무라나 오토구 씨 등이 '재일 한국인 노인홈을 만드는 모임'을 결성, "김치를 먹을 수 있는 노인홈"을 구호로 사카이시 센보쿠 뉴타운 근처의 토지를 유력 후보지로 모금 활동 등을 하고 있다.

'만드는 모임'의 조사에 의하면 친척이 없는 재일 한국, 조선인은 70세 이상으로 지금 곧 노인홈에 입소해야 할 노인이 현재, 전국에서 약 1천 4백 명으로 추정되고 있다. 윤 회장은 "동포들끼리만 살 수 있는 홈이 있었다면 더욱 편안하게 생을 마칠 수 있었을 텐데" 라는 말을 하고 있다.

기사를 읽으면서 눈시울이 뜨거워졌다. 지금, 나는 이런 비극을 방지하기 위하여 뛰어 다니고 있지 않은가. 이 사람의 죽음을 결코 헛되게 해서는 안 된다. 이와 같은 비극이 다시는 일어나지 않게 해야 한다.

때마침 실린 이 기사로 재일 동포나 일본인, 공무원도 인식을 새롭게 했을 것이었다. 그 효과는 나타나기 시작했다.

오사카로부터 연락이 왔다. 부채가 있는 법인허가는 안 된다는 것이다. 우리들의 계획은 4년간 모금하여 토지대를 지불할 생각이었다. 히라야마 씨도 겨우 이해해 주어서 한 숨 돌리는 참이었다.

그런데 관공서는 토지대금을 전부 지불하고 등기이전을 마치고 나서 오라는 것이다. 나는 더 이상 물러나서는 안 되는 마지노선이라고 생각했다. 흥분해 있었다.

"무슨 길이 있을 것입니다. 토지대금은 일부 지불을 시작했습니다. 나머지는 분할지불로 해도 좋다고 상대방이 양해를 했습니다. 이렇게는 안 된다는 법은 도대체 뭡니까?"

오사카부 직원은 내가 흥분하고 있음을 알아채고, 부드러운 어조로 말했다.

"그렇다면 건물 건축분만 매매계약을 하고, 나머지 분은 임차계약을 한 다음 그곳은 다른 곳에 팔지 않고 반드시 노인홈에 매도한다는 서약서를 받아오세요."

살았다. 이제 살았다.

나는 지주인 히라야마 씨에게 달려갔다. 자초지종을 듣고 난 순간 그는 벌컥 화를 냈다.

"당신에게는 땅을 못 팔겠어. 처음부터 틀려먹었어. 땅 살 사람이 돈 없이 뭘 어떻게 하겠다는 거요!"

나는 머쓱해졌다. 그의 분노는 좀처럼 가라앉질 않았다.

"한번 도장 찍어주면 된다고 생각했는데 이게 뭐야? 서약서라고? 그런 골치 아픈 일을 해줄 수 있을 것 같아?"

그는 불쑥 자리에서 일어나 밖으로 나가버렸다. 나는 아연해졌다. 옆에서 아내는 손수건을 꺼내 눈물을 닦고 있었다.

이게 어찌된 일인가? 긴 터널에 들어가 한 줄기 빛에 의지해 여기까지 왔다. 그 빛줄기가 사라지며 또다시 어둠속에서 헤매어야 한다. 그때 히라야마 씨가 다시 모습을 나타냈다.

"당신은 유명한 사람을 많이 알고 있잖아? 높은 지위에 있는 사람도 있고…. 그 사람들은 당신이 이렇게 고생하고 있다는 걸 알고나 있소? 돈이란 필요할 때 도와주어야지…."

"…"

"돈을 지불하지 않으면 나는 도장을 못 찍겠소."

그는 완강하게 얘기하며 창 밖으로 눈을 돌렸다. 왠지 낙담한 표정이다. 거기에 조금의 틈이 있는 것 같아 나는 조용히 이야기를 시작했다.

"지불하겠습니다. 대금은 반드시 지불하겠습니다. 저에게는 자신이 있습니다."

"…"

"관공서라는 곳은 뭐든지 도장을 받아오라는 습관이 있습니다. 한국에서도 그랬는데 일본에 오니 일본사람은 도장을 더 좋아하는 것 같습니다. 여러 번 폐를 끼쳐드려서 죄송합니다만… 부탁드리겠습니다."

나의 애원을 받아들였는지 그의 목소리가 부드러워졌다.

"할 수 없구먼. 내 아들도 관계하고 있고, 어디에 도장을 찍으면 되는 거요?"

나는 준비해 간 서류를 꺼냈다. 그는 도장을 찍었다. 다시 한 번 살았다 라고 외칠 수밖에 없었다. " 하나님! 감사합니다." 감사기도가 절로 나왔다.

다시 한줄기 불빛이 보이기 시작했다. 어두웠던 터널이 서서히 밝아 오고 있었다.

35 허무한 성공

S 씨가 세상을 떠났다는 연락이
왔다. 자살이었다. 자기 소유의 빌
딩 옥상에서 목을 맨 채로 발견되었
다는 것이다.

베개 밑에 장례를 치를 지폐뭉치를 남겨둔 채…. 나는 전
신에 힘이 빠졌다. 도대체 이게 무슨 날벼락 같은 일인가.

S 씨는 민단의 지단장도 했고, 향우회의 임원도 지낸, 재
일 동포 사회에서는 꽤 알려진 사람이다. 경제적으로 어려
운 입장도 아닌 그가 왜 목을 매어야만 했을까?

S 씨와 나 사이에는 이런 일이 있었다. 내가 훈련원 수료
식 때문에 서울에 있을 때였다. 도쿄에 있는 아내로부터 S

씨가 입원해 있는데, 급히 당신을 만나고 싶어하니 빨리 돌아오라는 연락이 왔다. 무슨 일일까?

나는 훈련원 수료식을 끝내고 급히 도쿄로 돌아와 S 씨가 입원하고 있는 쇼와 병원으로 달려갔다.

"어디가 편찮으세요? 입원하신 지는 오래되셨어요?"라고 한국말로 물었다. 그는 깜짝 놀라 나를 복도 쪽으로 끌고 갔다. 그리고 속삭이듯 말했다.

"한국말로 말하지 말게. 여기서는 아무도 내가 한국사람이란 걸 모르니까."

"예?"

"그러나 병원 당국은 알 거네. 여기는 대학병원이니 나를 실험용으로 수술할 가능성이 있네. 다른 병원으로 옮겨야겠어. 도와주게."

"어느 병원으로 옮기고 싶습니까?"

"신주쿠에 사카키바라 기념병원이라는 곳이 있네. 거기가 심장병으로 일본에서 최고라고 들었네."

"알아보겠습니다."

"부탁할 사람은 자네뿐이네. 아는 사람도 많고 의사와도 줄이 닿지 않을까 해서 연락했네. 복지사업을 하니 후생성과도 가까울 듯해서…. 사카키바라 선생 같으면 내 생명을 구해 주실 것 같네."

나는 집으로 돌아왔다. 아내는 S 씨의 상태를 물었다. 내가 설명을 했더니 납득이 가지 않는 표정으로 말했다.

"모두들 대학 병원이 최고라고 알고 있어요. 그분 머리가 좀 이상해지신 거 아니에요? 어떻게 그런 생각을 해요?"

나는 S 씨의 정신 상태는 이상 증세를 보이지 않았다고 설명한 뒤 덧붙였다.

"그런 생각을 가질 수밖에 없는 세월을 보내온 거야. 그 옛날 만주 등지에서 일본인들이 인체실험을 했던 일이 머리 속에 자리잡고 있는지 모르지."

이렇게 말하면서도 나는 머리로는 이해할 수 있었지만 마음은 슬픔을 감출 수가 없었다.

"당신 사카키바라라는 의사를 아세요?"

"몰라. 하지만 부딪쳐 봐야지. 인간이 신뢰받는 것만큼 값진 일이 어디 있겠어? 생명이 꺼져 가는 환자가 자기 손에 목숨을 맡기고 싶어한다는 말을 들으면 그분도 거절하지는 않겠지."

나는 명함철을 넘기면서 말했다. 한참만에 사카키바라 병원이 있는 신주쿠에서 개업한 무라타 선생의 명함을 발견해냈다. 라이온스 클럽의 회원으로 공생원의 후원자다. 전화가 연결되자 몇 마디 유쾌한 인사를 나눈 후 사카키바라 선생을 소개해 줄 수 있느냐고 물었다.

"바로 옆집에 살고 있습니다. 저와는 아주 가까운 사이지요. 무슨 일로…?"

"그렇습니까? 그렇다면 잘 되었네요. 사실은 말입니다."

나는 S 씨의 이야기를 했다. 무라타 선생은 내가 하고 있는 공생원에 대해서 사카키바라 씨에게 이야기 한 적이 있다는 것이다. 나는 곧 사카키바라 씨를 만났다.

"무라타 선생님으로부터 이야기를 들었습니다. 환자의 상태는 어떤 지요."

"잘 모릅니다."

"친척이신가요?"

"아닙니다. 제가 존경하는 분이지요. 그분은 불안해하고 있어요. 선생님께 목숨을 맡기고 싶다고 간절히 원하고 있습니다."

"알았습니다. 실은 우리 병원은 입원 희망자가 많아서 많이 기다려야 합니다. 무라타 선생님이 당신의 부탁은 거절할 수 없다고 하더군요. 무라타 선생님과는 무슨 관계입니까?"

나는 사카키바라 씨에게 간략하게 공생원의 역사를 설명하고 무라타 선생은 후원자의 한 분이라고 대답했다. 그는 자신도 후원자가 되겠다고 하셨다. 고맙기 그지 없는 이야기다.

약 1주일 정도 지나서 S 씨는 사카키바라 기념병원으로 옮기게 되었다. 우리 부부는 병실로 찾아갔다. S 씨는 우리를 반갑게 맞아주었다. 병실에는 모르는 여자 분이 한 사람 있을 뿐이었다. 간병인이라는 것이다.

가족은 아무도 오지 않았다. 부인이 안 보여 물어보니 다른 병원에 입원해 있다는 것이다. 딱한 사정이다. 한국 같으면 고독하지는 않았을 텐데. 방안의 공기가 쓸쓸함으로 가득했다.

"아드님에게 연락하셨습니까?"

"세 놈이나 있지만…."

"며느리도 오라고 하지 그러셨어요."

"흥, 모두가 일본놈들이요. 시부모 모시는 것 모르는 상것들이지."

한 맺힌 말이었다.

"바쁜 일이 있는 모양이죠. 마음에 드는 병원으로 옮기셔서 그런지 벌써 더 건강해 보입니다, 하하하."

나는 공연히 자녀들의 이야기를 꺼내 환자의 마음을 불편하게 만들었다고 생각되어 애써 말머리를 돌렸다.

그의 고향은 광주다. 일본에 와서 공부도 하고 출세도 하고…. 보통 사람들과는 비교가 되지 않을 정도의 경력을 갖고 있는 사람이다. 그분이 왜 이렇게 고독하실까? 한국에서 입원했다면 적어도 이렇지는 않았을텐데….

그가 창 밖으로 하나 둘 켜지는 휘황한 네온을 보면서 조용히 이야기를 꺼내었다.

"어젯밤 곰곰 생각해 보았지만, 윤기, 자네라는 사람은 실로 불가사의한 인간이야. 노인홈 건설은 일본에 있는 우리들 민단이 하지 않으면 안 되는 일인데, 자네가 하겠다고 나서니 말이야."

"모든 것이 운명 같습니다."

"수술이 잘 되어 건강해지면 어이, 나도 조금은 힘이 되겠네. 무언가 다른 사람을 위한 일을 해야겠구먼. 재산을 자식에게 남겨서 무얼 하겠나…."

건강이 악화된 S 씨는 무언가 허탈감을 느끼는 듯했다. 사람이란 죽음을 앞두고 마음이 선량해진다는 어떤 철학자의 말처럼 누구든 죽음 앞에서는 좋은 일을 하고 싶다는 의욕을 느끼게 되는 모양이다.

"다른 생각 마시고 마음 편히 가지세요. 그리고 하나님께 기도하세요."

그의 눈에는 힘이 없었다. 갑자기 그는 내 손을 잡으며 말했다.

"나는 죽고 싶지 않네. 지금은 죽을 수 없어."

허무함 그 자체였다. 목소리 또한 서글프기 그지없었다.

"윤 원장, 하나님은 정말로 있는 걸까? 한번 물어보고 싶구먼."

"있습니다."

그리고 나는 그의 손을 꼭 쥐었다.

"하나님은 지금 당신을 사랑하고 계십니다."

나의 대답에 그는 말없이 고개를 끄덕였다.

"오래 사셔야지요. 이제 병원도 옮겼고, 좋은 의사 선생님도 만났으니 안심하세요. 모든 게 잘 될 겁니다." 나는 진심을 다해 위로했다.

우리들이 일어섰을 때 S 씨는 아내에게 위로의 말했다.

"부인, 윤 원장을 도와주어 고맙소. 잘 부탁하오."

그 병실을 나오며 뒤돌아보니 S 씨는 우리를 계속 지켜보고 있었다.

그 뒤 S 씨는 무사히 수술을 마치고 퇴원했다. 얼마 후 돌봐주는 사람이 없어서 고통받고 있다는 소식을 듣고 마음이 씁쓸했다.

그런데 그 S 씨가 죽은 것이다. 그것도 자기 손으로 목을 매어서…. 교포 사회에서 유지로 대접받던 그가 젊은 시절 뼈가 닳도록 일해 재산도 모아놓은 그가, 무엇보다도 그렇게 살고 싶어했던 그가 왜 스스로 삶을 버려야 했을까? 외로움 때문이었을까? 절망 때문이었을까?

지금 고향의 집을 운영하면서 S 씨에 대해 생각하니 깊은
상념에 잠기게 된다.

36 밝은 곳으로

　봄비가 내릴까 말까하고 주저하고 있는 것 같은 날.

　현장은 철야 작업을 한 덕분에 깨끗이 치워져 있었다. 예전의 쓰레기장의 모습은 어디에서고 찾아볼 수가 없었다. 모래가 산처럼 쌓여 있다. 유내형 총영사님도 달려 오셨다. 드디어 기공식이다. 여기까지 올 수 있도록 열심히 도와준 스가하라 분타 씨 부부와 오사카상은 상우회 미즈노 케이조 회장에게 감사장을 드리고 기공식이 시작되었다. 　오사카 총영사님을 비롯하여 최한병 사카이 지방 민단본부의 단장님, 김지희 부인회장님, 구희상 사카이 지단장님, 교토 오렌지 서

클 회장 박정자 씨, 합하여 참석자는 100여 명에 이르렀다. 그 100여 명이 한사람 한사람 모두 삽을 들어 기공식에 참여했다. 그 중에 한 부인이 말했다.

"윤 선생님, 하늘이 무너져도 솟아날 구멍이 있군요!"

돌아보니 그녀는 울고 있었다.

공사는 순조롭게 진행되어 갔다. 한국식의 '적당히'는 없었다. 히라가와 설계사는 처음부터 끝까지 현장에 나와 있었다. 철근이라든가, 콘크리트라든가, 하나하나 그 깊이와 두께를 체크하면서 지휘를 했다. 한층, 두층 올라가는 중에 생각했던 것보다 커다란 건물이 될 것 같은 생각이 들었다. 사카이시 민단 사람들은 시간이 있을 때마다 와서는 확인하면서 공사 진척을 기뻐했다. 매스컴은 매일같이 취재하러 왔다.

3층 건물이 완성되었을 때의 감격을 어떻게 표현해야 할지. 꿈인지 생시인지 그저 비몽사몽이었다. 해야 할 일이 너무나 많았다. 준공식 준비, 직원채용과 훈련, 입소대기자의 가정방문 등 몸이 열 개 있어도 부족할 정도였다.

어느 날, 나는 아사히신문사 오사카 후생문화 사업단을 방문했다. 그 옛날, 목포 공생원에 '오사카 사랑의 집'을 세울 때 도와준 곳이다. 낯익은 얼굴의 여직원이 친절하게 맞아주었다.

"걱정하고 있어요. 잘되어 갑니까? 무언가 우리들이 도울 수 있는 일이 있습니까?"

내가 목포 공생원 원장으로 있을 때 이 사무실을 얼마나 자주 드나들었던가. 목포 공생원 아동숙사와 식당 건립 자금을 모금할 때 아사히신문사 후생문화 사업단의 사무국장이 앞장 서 주었다. 국장은 나와 아내를 안내하여 경제단체들과 기업들을 소개해 주었다. 그 때 오사카 시민들의 성금으로 지어진 건물에서 지금 공생원 아이들이 행복하게 생활하고 있다.

나도 모르게 눈물이 나왔다. 너무나 많은 사람들에게 친절을 받고 신세를 지고 있는 나는 얼굴을 들고 다닐 수가 없을 것 같았다.

재일 한국인 노인이 7만 명이 넘는데 고향의 집 하나 가지고는 부족하다. 일본 사회에 더 알려야 한다. 신문사가 앞장 서 주어서 여기까지 왔다.

그래서 나는 오사카 고향의 집 준공을 기념하여 한일 양국의 시민회의 같은 것을 개최할 것을 구상하고 아사히신문사로 달려갔던 것이다.

신문사는 한 마디로 후원을 승낙해 주었다. 나는 시야를 넓혔다. 일본 안의 문제만이 아니라 미국에서는 소수 민족의 복지 정책을 어떻게 실시하고 있는가. 사할린에 남아있는 재소 한국인 노인들의 실체도 궁금했다. 그리고 한일간의 바람직한 친선의 길을 모색하기 위해 재일 동포들의 법적 지위 문제도 빼놓을 수 없는 문제다.

나는 버지니아 주립 대학 학부장인 승래부 박사에게 미국의 문제를, 사할린 동포 귀국 대책 회장인 나석호 변호사에게 사할린 문제를, 그리고 송철 오사카 민단 지방본부 사무국장에게 재일 동포 법적 지위 문제를, 주한 대사에게 바람직한 한일 친선의 길을 발제해 줄 것을 의뢰했고 모두가 참여해 주었다.

더욱이 한국의 사회복지 계에서 80명이 넘는 동지들이 참가하겠다고 연락해왔다. 나는 감격했다. "윤기가 일본에 가서 고생하고 있는데 격려해 주러 가야지"라고 했을 것임에 틀림없다.

10월 30일 오사카부 사회복지 지도센터 5층 회의실은 초만원을 이루었다. 지금까지는 복지에 관심이 없었던 오사카 교민들도 많이 참가해 주었다.

생각도 못했던 일도 벌어진다. 노인홈 건설을 추진하고 있을 때 세계시인대회 참석 차 도쿄에 오신 구상 선생을 뵈었다. 항상 따뜻한 선생의 인격 앞에 머리가 숙여졌다.

재일 동포를 위한 노인홈을 추진하고 있다는 것을 알게 된 선생은 "윤 원장은 목포 공생원 일로도 바쁜데… 양로원 만드는 건 수녀님들에게 맡기는 게 좋을 것 같은데…"라고 하셨다. 나는 귀가 번쩍했다. 그런 일도 가능하다. 좋은 일이라면 행동에 옮기자는 것이 나의 철학이다. 나는 명동에 있는 카톨릭 회관으로 달려갔다.

카톨릭 사회복지 사무국장으로 있는 박재주 선배가 생각났다. 박 선배가 소개해 준 수도회는 사회사업을 목적으로 한국 윤을수 신부가 창설한 것이었다. 성북동에 있는 수도회로 찾아갔을 때 수녀님들을 만난 순간 일본에서의 피곤이 모두 사라졌다. 결단력 있는 총장 수녀님은 고맙게도 7명의 수녀님을 일본에 보내주시겠다고 말씀하셨다.

나는 카톨릭 신자도 아닌데 종파를 떠나서 형제들이 하나되어 봉사하니 성서의 가르침을 따르는 아름다운 광경이었다. 수녀님들의 검소하고 청결하고 따뜻함이 내 몸 구석구석까지 깨끗하게 해 주는 것 같은 행복을 느꼈다. 총장 수녀님으로부터 일본에 파견될 수녀님들의 이력서를 받았다. 요리솜씨가 좋으신 박정자 수녀님, 레크레이션이 전문인 이중규 수녀님, 간호사인 권영금, 김옥순, 정영수 수녀님, 경리에 밝은 장영옥 수녀님, 살림을 맡아주실 책임자 김영희 수녀님.

그러나 내가 수녀님들의 입국 비자를 신청하려고 법무부에 갔을 때 큰 벽이 기다리고 있었다. 법무부 오사카 총무국 관리사무소의 담당자는 "7명씩이나 됩니까? 7명이나 받아들이게 되면 7명의 일본인이 직업을 잃게 됩니다"라고 못마땅한 표정을 지었다. 국회의원까지 동원해 노력해 봤으나 헛수고였다. 일본의 국제화 수준이 이 정도에 머물고 있는 것이 마음 아팠다.

재일 동포, 특히 일본에서 자란 사람들은 한국말을 못하는 사람이 많다. 한국의 문화도 모른다. 지금의 한국도 모른다. 나는 이 노인홈에 들어오는 노인 분들에게, 매일 신선한 한국말로 말을 하면, 그들이 가고 싶어했던 고향과 조국에 대한 희미한 기억을 되살려 주지 않을까 하는 기대를 가졌다. 전문적으로 말하면 회화요법, 음악요법, 언어요법이라는 것이다. 한글이 있고, 김치가 있고, 아리랑을 부를 수 있다. 그러한 노인홈을 만들기 위해서는 그녀들이 반드시 필요했다.

훌륭한 건물도 좋다. 그러나, 그 안에서 쾌적한 생활을 할 수 없다면 의미가 반감된다. 무엇보다도 노인들이 마음 편안하게, 마치 고향의 품에 안긴 듯한 안도감 속에서 생활할 수 있도록 해 드려야겠다고 생각했던 것이다.

취업비자는 나오지 않았다. 결국 나온 것은 종교비자였다. 이것은 보통 일이 아니었다. 취업비자가 아니면 정식 월급을 지급할 수 없다. 차선책으로 택한 것이 선교비자였다. 총장 수녀님에게 연락을 드렸다.

"더 잘 되었어요. 하나님 축복으로 감사드리겠습니다."

노인들을 돌보기 위해서 고향의 집에 근무하게 될 수녀님도 한국에서 도착했다. 그녀들의 숙소를 찾는 것은 쉬운 일이 아니었다. 이야기가 잘 되었다 싶으면 한국사람이라는 이유로 거절당하곤 했다. 그러기를 세 번째다. 이야기로만 들었던 일본에서의 한국인, 조선인에 대한 차별의 농도를 이때만큼 뼈저리게 느껴본 기억이 내게는 없었다.

준공식을 10월 31일로 잡았다. 어머니의 생일이자 운명하신 날이기도 하다. 또한 10월엔 비 걱정을 안 해도 좋을 때이기도 하다. 우메보시가 먹고 싶다는 그 소박한 마음에 얼마나 많은 사람들이 감동해 주었는가. 준공식 준비로 점점 바빠졌다.

초대장을 얼마나 보낼까? 몇 명이나 와 줄까? 긴 터널은 아직도 계속되고 있는 걸까? 1989년 9월 30일, 사카이시의 건축 완료검사가 끝났다.

수녀님들은 맛있는 음식을 많이 만들었다. 그러나 만들면서도 모두 걱정을 하고 있었다.

"이렇게 많이 필요해요?"

"그럼요, 필요하지요."

"많이 와 주실까요?"

"한국인은 인정이라는 것이 있어요. 부르지 않아도 오는 사람이 있지요." 나는 자신 있게 말을 했다.

그날, 노인홈 준공식날, 500명이 넘는 많은 사람들이 들이닥쳤다. 인산인해라고 하면 과장일까. 나는 물론이고 지금까지 움직여준 모든 사람들이 감격을 함께 나누었다.

처음부터 이 노인홈의 꿈을 위해 앞장 서 주신 가나야마 씨를 비롯해서 실행위원장 하라다 씨, 자강관의 요시무라 씨, 일본의 많은 복지관계 여러분들, 사카이 시장, 재일한국민단은 물론, 부인회, 로터리 클럽, 기독교 관계자, 카톨릭의 야스다 대주교회 여러분, 나는 처음부터 감격의 극치 속에 있었다.

마이니치 방송의 미즈노 아나운서의 사회로 시작되었다.

"지금부터 할아버지, 할머니들이 생활하실 노인홈의 준공식을 시작하겠습니다. 먼저, 이 노인홈을 만들기 위하여, 수많은 난관을 극복하면서 동분서주한 다우치 모토이 씨, 한국명 윤기 씨의 인사말이 있겠습니다."

나는 단상에 섰다. 놀랄 만큼의 많은 눈들이 나를 주목했다. 나는 조용히 한국말로 인사말을 시작했다.

"매우 바쁘실 때인데, 이렇게 한국에서 많은 선배님, 그리고 동료들이 와주셔서 감사합니다. 잘 아시다시피 저의 어머니는 일본인이셨습니다. 7살 때 부모를 따라 고향인 고치를 떠나 한국의 최남단 목포항으로 가셨습니다.

저의 아버지와 만난 경위는 여러분이 잘 아시는 바와 같습니다. 일본이 전쟁에서 패하였습니다. 일본인은 모두 일본으로 돌아갔습니다. 그러나, 저의 어머니는 남아서 고아들과 생활을 계속했습니다. 어머니가 남편을 잃고 많은 고생을 하고 계실 때 목포시민은 어머니를 도와 주셨습니다. 한국정부는 처음으로 일본인인 어머니에게 훈장을 주셨습니다. 어머니가 이 세상을 떠나셨을 때, 목포에서는 시민장을 거행해 주셨습니다.

사람이 사람을 서로 사랑하는 것은 좋은 일이라고 생각합니다. 마음과 마음이 서로 교류하는 것입니다. 어머니를 그리워하면서 저와 아내는 이 노인홈을 일본인이었던 어머니를 사랑해 준 한국인에게 바치는 바입니다."

다음에는 일본말로 이야기했다.

"'윤 상, 이런 무법한 일은 하지 말게. 일본은 땅이 비싸지. 일본 재계는 기부에 인색하다네. 목포를 소중히 여기게. 서울 직업훈련원을 소중히 여기게.' 그렇게 모두가 저를 걱정해 주셨습니다.

오늘, 노인홈 준공식이라고 해서 여러분이 여기까지 와주신 것에 대해 제가 이 단상에서 인사를 드리고 있습니다. 감개무량합니다. 이 기쁨은 달리 형언할 길이 없습니다. 저의 어머니가 일본인인데도 불구하고 한국 고아들을 보살필 수 있었던 것은 한국사람이 도와주었기에 가능한 일이었다고 생각합니다. 일본에 계시는 여러분, 아무쪼록 한국인을, 조선인을 도와주십시오. 내일의 세계는 분명히 보다 더 밝아질 것이라고 저는 확신하고 있습니다. 감사합니다."

모두 건물 안으로 들어가서 한 바퀴를 돌아보았다. 그리고 벌어진 축하파티에서는 마시고, 먹고, 노래부르고, 춤을 추는 등 모두가 흥에 겨웠다. 그때 나에게 다가온 할머니 한 분이 계셨다.

"윤기 씨, 고맙구먼요. 내가 더 나이를 먹게 되면 이 노인홈에 신세를 지게 될지 모르지만, 앞으로는 안심할 수 있을 것 같아서 좋군요. 이 일본 천지에 우리들이 쉴 수 있는 곳이 있다는 것만으로도 속이 후련해진다니까. 이런 곳을 만들어 주셔서 정말로 고맙구먼요."

울고 있었다. 나도 울면서 들었다. 스가하라 분타 씨가 마이크를 잡았다.

"윤 상, 감사합니다. 고생 많이 하셨습니다. 여러 가지로 걱정했지만, 이곳에 와보고 이렇게 훌륭한 건물에 놀랐습니다. 먼 훗날 나도 들어오고 싶을 정도의 멋진 노인홈을 만들었으니 말입니다."

그는 자세를 가다듬고 말했다.

"모금에 응해주신 여러분, 감사합니다. 조그마한 성의가 이런 결과를 낳았습니다. 감사합니다."

축복 속에서 준공식이 끝나 갈 무렵이었다. 누군가가 나의 어깨를 툭 친다. 돌아보니, "그만두시게. 될 턱이 없네"라며 전화를 해 준 고향의 Y 선배였다. 그는 아무 말 없이 나의 손을 꽉 쥐어 주었다. 그의 눈이 많은 것들을 이야기하고 있었다.

오사카홍업은행 이희건 이사장님. "일본인은 돈 내놓는 일에는 인색하다네"라고 말했던 그도 아무 말 없이 손을 내밀었다. 나는 그의 손을 다시 한번 꼭 잡았다.

사카이시의 히라야마 씨. 이 노인홈의 토지를 제공해 주신 분. "당신, 도둑놈 아냐?"라며 화를 냈던 그분이 봉투를 내밀었다.

"뭡니까?"라고 나는 머뭇거리면서 받았다. 열어보았다. 5백만 엔의 수표가 나왔다. 나는 감사의 뜻을 담아 손을 잡고 몇 번이고 고개를 숙였다.

히라야마 씨의 부인이 얼굴 가득 미소를 띠우며 말했다.

"나는, 오늘 이대로 죽어도 여한이 없겠습니다. 아들의 설계를 채택해서 이렇게 훌륭한 건물을 지으시리라고는…"

그의 아들. 이 노인홈을 설계해 준, "고전무용보다도 발레를 더 좋아한다"라며 처음에는 작업하기를 꺼려했던 그가 나를 물끄러미 바라보고 있었다. 나는 덥석 그의 손을 잡았다.

사카이시의 민단 사람들과 일일이 악수를 나누었다. 기쁜 마음, 사랑으로 뭉쳐진 하나의 꽃밭이었다. 한국에서 천리를 마다 않고 와 주신 사람들에 대한 감격. 그것 또한 사랑의 꽃이었다.

한결같이 한국인들은 기쁨과 슬픔을 표현했다.

"이번에는 한국에 이런 것을 만들어 주게. 진심이네."

흥분과 감격이 사라지기까지는 많은 시간이 걸렸다.

어느 날 아내 후미에가 종이에 쓴 것을 보여주었다. 계산서였다. 나는 아연했다. 일에 열중하고 있는 중에도, 마음속으로 대략적인 계산은 하고 있었지만, 4억 엔이나 부족할 줄이야 ….

앞으로 많은 부채를 갚지 않으면 안 된다. 어떻게 해서? 어떤 식으로? 나는 걱정스러워 하는 아내의 어깨를 감싸주며 말했다.

"처음부터 각오한 일이 아니오. 앞으로도 내가 더 열심히 뛰어 보겠소. 너무 염려하지 마오."

"글쎄, 짐이 너무나 무거워요."

"그 무거운 짐을 내가 지고 가겠다는 말이야. 당신 말이지. 힘센 장사한테 시집왔다고 생각해. 의지할 수 있겠지? 이것저것 다 잊고 한잔할까?"

"당신은 술도 못 마시면서…."

"당신과 결혼하기 전에는 마셨었는데…. 지금은 술맛이 무슨 맛인지조차 잊어버렸소."

아내는 마셨다. 옆에서 나도 한 방울 얻어 마셨다. 부부의 사이가 좋다면 내일은 걱정할 것 없다. 이제껏 그렇게 한발씩 양보해 가며 살아온 우리 부부다.

터널을 빠져나왔다고 기뻐했었다. 어둡고 답답하고 지루한 터널은 이것으로 끝일까? 아니다. 한 개의 터널을 지나면 다른 터널이 기다리고 있고 또 다른 터널이 있을 것이다.

"좋다, 오너라."

나는 큰소리로 외친다.

"터널이여, 얼마든지 오너라, 나는 인간을 위해서 살 것이며, 사랑을 실천하기 위해 혼신의 힘을 다할 것이다. 그것이 내가 살아가는 철학이며 삶의 의미이기 때문이다."

5.

기사모음

1968년 11월 3일 조선일보

木浦를 울린 葬禮

"어머니, 어린 저희들을 버리고 어디로 가시나이까?" 고아들의 애끊는 울음소리에 항도 목포가 울었다. 2일 오전 10시 목포역 광장을 메운 3만 조객들의 흐느낌 속에 '고아의 어머니' 윤학자 (尹鶴子·56) 여사의 시민장이 엄수됐다. 목포 개항 이래 최초의 시민장이었다.

이날 오전 9시 30분 영구는 윤 여사가 평생을 고아와 함께 보낸 공생원(共生園·목포시 대반동 473)을 아주 떠났다. 장례식에 나오지 못하는 3백여 어린 고아들은 유리창을 두들기며 어머니의 마지막길을 지켜보았다. 영구는 경찰 백차의 호위를 받으며 윤 여사의 모교인 목포여중에 잠시 들러 장례식장에 모셔졌다.

연도의 시민들도 잠시 발길을 멈추고 고개숙여 윤 여사의 명복을 빌고 있었다.

윤 여사의 본이름은 다우치 치즈코. 일본 고치시 와까마쓰초 〔若松町〕에서 1912년 10월 31일 기독교인인 무명관리의 딸로 태어났다. 윤 여사는 7세 되던 1919년 아버지를 따라 목포로 이사와 일본인만 다니던 야마데〔山手〕 소학교(지금의 유달 초등학교)에 입학했다. 이어 목포고등여학교를 졸업, 1932년 목포 정명학교 교사로 사회의 첫발을 내디뎠다.

감수성 많은 처녀로 성장한 다우치 양은 1928년 호남동 13번
지에서 고아들을 모아 양육하고 있는 세칭 거지대장 윤치호(尹治
浩) 씨를 알게 됐다. 그리고 그의 갸륵한 뜻에 끌려 36년 정명학
교를 사임하고 고아들의 뒷바라지를 할 공생원 교사(보모)로 일
자리를 옮겼다. 이것이 윤 여사가 고아의 어머니로 존경받게 된
실마리가 된 것이다.

다우치 양이 공생원으로 옮긴 것을 본 일본인 친구들은 차츰 그
에게서 멀어지기 시작했다. 한국인 거지아이들을 모아다가 더러
움을 무릅쓰고 코를 닦아주며, 때묻은 몸을 씻어주는 그를 보고
"머리가 돌았다"고까지 빈정댔다. 얼마후 당국은 호남동의 공생
원을 '도시계획'이란 이름으로 강제철거했다.

그러나 끝내 굽히지 않은 다우치 양은 마침내 39년 10월 15일
3세 손위인 윤치호 씨와 결혼했다.

45년 8월 15일. 그는 모국 일본의 패전과 남편의 나라가 독립
되는 기구한 날을 맞았다.

윤 여사는 46년 9월 홀로 남은 어머니 다우치 하루〔田內春 ·
86〕를 일본에 데려다 주었다. 그리고 1년 후 다시 정든 남편과 고
아들이 기다리는 한국으로 돌아왔다.

6 · 25가 터졌을 때도 피란의 권유도 물리쳤던 윤 여사는 9월 8
일 식빵을 구한다고 광주로 떠났다는 남편이 행방불명되자 그때
부터 여자의 손만으로 40여 명의 고아들과 네 자녀를 길러야 했

다. 어려운 가운데 늘어나는 전쟁고아까지 길러내게 됐다. 다행히 미국선교사 니콜슨 씨의 도움으로 젖소 30마리를 들여와 고아들에게 젖을 먹이고 운영비로 보태쓸 수 있었다. 그 사이 이 일이 일본에 알려져 64년 이후 공생원 후원회 등에서 4백여 만원의 도움을 받기도 했다.

이렇게 32년간 윤 여사가 길러낸 고아는 2천 9백 95명. 이 세상을 떠날 당시에도 1백 58명의 갓난아기와 2백 12명의 고아를 기르고 있었다.

작년 10월 19일 윤 여사는 고아들을 보살피다 갑자기 졸도하고 말았다. 과로에 지친 것이다. 서울 성모병원에서 받은 진단 결과 병명은 조기노쇠(早期老衰). 근 1년을 병상에서 지냈으나, 효험이 없었다. 지난달 20일 윤 여사는 그리운 어린이들 곁으로 돌아갔다.

돌아오는 기차 안에서 윤 여사는 측근자들에게 "고아사업은 신앙과 정신력만으로는 안 된다. 사회사업가들의 전문교육이 필요하다"고 말했다.

56회 생일날인 지난 31일 새벽 2시 1백여 명의 연장고아들이 임종을 지켜보는 가운데 윤 여사는 조용히 고되기만 했던 평생을 마쳤다. 고통없는 조용한 임종이었다. 윤 여사 별세가 전해지자 일본과 국내에서 1백여 통의 조전이 오기도 했다.

슬하에 기(基 · 24) 군 등 두 아들과 출가한 큰딸 정미(靜美 ·

31) 양, 향미(香美 · 22) 양 등 4남매가 있는 윤 여사는 63년 대한 민국문화훈장을 받았고, 67년엔 일본정부에서 남수(藍綬) 포장 도 받았다. 윤 여사의 유해는 전남 함평군 나산면 옥동리의 남편 곁에 묻혔다.

'한국고아 엄마' 日女人 생애 그려

한국과 일본의 배우들이 공동 출연해 화제를 모은 김수용 감독 (67)의 《사랑의 묵시록〔愛の默示錄〕》기술시사회가 10일 영화진 흥공사에서 열렸다. 일본 출신으로 한국에서 고아들을 기르다 타 계한 윤학자 여사(일본명 다우치 치즈코)의 생애를 그린 이 영화 는 현재 일본에서 10만여 명의 관객이 관람했으며, 7백여 개 극 장에서 상영이 계약된 화제작.

일본영화 상륙이 불가능한 현실에 비추어 국내 일반 상영은 기 대하기 어렵지만 한국 감독이 만든 영화가 일본에서 절찬리에 상 영되고 있다는 점, 국경을 넘는 한 인간의 희생정신을 아름답게 그렸다는 점 등에서 관심이 쏠리는 작품이다.

일제시대에 목포에서 살던 조선 총독부 관리의 고명딸인 치즈 코는 한국인 윤치호가 운영하던 고아원에서 봉사활동을 벌이다 양가의 반대를 무릅쓰고 윤 씨와 결혼한다. 남매를 낳은 그녀는 해방후 일본인이라는 핍박을 이기지 못해 일본으로 돌아갔다가 남편과 고아원의 아이들이 그리워 다시 한국으로 나온다.

그러나 남편은 한국여자와 새살림을 차린 상태. 그녀는 평생 고 아들의 어머니가 되기로 결심, 이름을 윤학자로 바꾸고 자신의 아 이들을 고아들과 함께 재우며 희생적 삶을 살아간다.

6·25 등 험난한 역사가 이어지는 가운데 일본여자 혼자 한국에서 살아가는 일은 너무 힘들었다. 영양실조와 야맹증에 걸린 몸으로 3천여 명의 고아들을 키워냈지만, 아들 윤기는 성장하여 자신의 출생을 증오한 끝에 일본으로 건너간다. 68년 늦가을 56세를 일기로 그녀가 세상을 떴을 때 목포시민장으로 치러진 장례식에는 3만여 명의 인파가 운집했다.

아들이 어머니의 삶을 되돌아보는 형식으로 전개되는 이 영화는 삶을 마감하는 그녀가 "매실장아찌가 먹고 싶다〔ウメボシが食べたい〕"는 한마디를 남기는 것으로 끝난다.

어릴 적 고향에서 먹었던 음식을 떠올리며 숨을 거두는 한 사람의 삶이 눈물겹다.

일본의 '윤학자기념사업회'에서 모금한 2억 엔으로 제작된 이 영화는 목포와 그녀의 고향인 소코쿠 고치를 무대로 정일성 씨가 촬영했다. 한때 고아원에서 자란 것으로 알려진 일본 여배우 이시다 에리의 연기가 실감난다.

日 후생성 아동복지대상을 수상한 이 영화는 오는 9월 말 열리는 東京국제영화제에 출품될 예정.

"한·일 갈등 속에서 희생의 일생을 보낸 한 여성의 삶을 그려보고 싶었다. 이 영화에서 나는 바다를 중요하게 다뤘다. 감독은 국적이 있지만 영화는 국적을 초월한다"고 김감독은 말했다.

〈林淳萬〉

1997년 5월 14일 한국일보

장명수 칼럼

이국땅에서 평생을 산 사람들이 같은 민족끼리 노년을 보낼 수 있는 양로원을 지어달라고 한다면 지나친 요구일까? "그것은 세금과 보험료를 낸 사람들의 정당한 권리"라고 사카이시에 있는 '고향의 집' 원장 윤기 씨는 말했다. 일본의 고령자 정책은 노인들이 담당부서에서 지정해 주는 양로원에 배치되지 않고 자기 마음에 드는 시설을 선택할 수 있도록 하는 방향으로 가고 있는데, 같은 문화와 습관을 지닌 사람들이 모여 사는 시설을 원하는 것은 당연하다는 것이다.

"목포에서 고아원(공생원, 共生院)을 운영했던 나의 어머니(윤학자 여사)는 일본인이었지만, 고아들과 같은 음식을 먹으며 한평생 한국인으로 사셨어요. 그러나 세상을 떠나기 전 병원에서 식사를 할 때는 김치 대신 우메보시를 간절히 먹고 싶어하셨어요. 일본에 사는 한국인들도 같겠지요. 늙어갈수록 그들은 우메보시가 아닌 김치를 원할 것입니다. 우리 노인들이 김치와 온돌방과 장구소리 속에서 지낼 수 있도록 하자는 것이 고향의 집을 세운 목적이었습니다."

1989년 완공된 고향의 집은 건강이 좋지 않은 노인들을 위한 특별 양호시설로 80명을 수용하고 있는데, 1급 호텔 못지 않은 시설에 밝고 깨끗하다. 노인들의 평균연령은 83세로 최고령자는 98세이며, 의사 2명을 포함, 간호사, 복지사 등 60명의 직원이 그들을 돌보고 있다.

월 27만 엔(190만 원)의 입원비는 각 개인의 주민등록이 있는 지방자치단체에서 전액 부담하고 있다.

고향의 집은 모든 교포 노인들이 선망하는 꿈 같은 집이다. 작년에 견학 왔던 고베 지역의 교포 할머니들은 윤 원장에게 고베에도 같은 시설을 짓도록 추진해 달라고 졸랐고, 다시 찾아온 김용성 씨(72세)는 5천만 엔을 기부했다. "7남매를 다 키우고 편하게 살 만하니 남편이 세상을 떠났다. 이 돈은 남편과 함께 땀 흘려 모은 돈이니 민단이든 조총련이든 서로 사이 좋게 살 수 있는 양로원을 지어 달라"고 말했다.

지난 아사히신문 사회면 톱기사로 그 이야기가 보도됐고, 일본 전역의 교포들로부터 문의가 쏟아지고 있다.

"교포 70만 명 중 10%인 7만 명이 노인이라고 볼 때 이런 시설이 최소한 10개 이상 있어야 합니다. 일본에서 노인시설을 지을 때는 공익법인이 총 비용의 25%를 부담하고, 지방자치단체가 25%, 중앙정부가 50%를 지원해 줍니다. 우선 도쿄, 오사카, 고베에 100명 수용시설을 짓는다면 70억 엔 정도가 필요한데, 우리가 그중 20억 엔 정도를 부담하면 되지요. 그래서 30만 명이 1만엔씩 내자는 캠페인을 시작했습니다. 고베는 현재 설립부지를 찾는 단계까지 갔습니다."

윤 원장은 앞으로 민단과 조총련이 교포를 위한 복지시설에 관심을 기울이고, 그 시설을 커뮤니티 센터로 키워 가자고 제안한다. 조총련이 가지고 있는 146개의 학교 중에는 차츰 복지시설로 전용할 수 있는 곳들이 있고, 힘을 합쳐 공익법인을 설립하면 모금운동이나 정부부조를 얻는 일도 보다 쉬워질 것이라고 말한다. 그는 자신의 어머니를 돕던 일본의 후원회들에 힘입어 5억 엔을 모금하여 고향의 집을 세우고 일본인 아내(윤문지 씨)와 열심히 일하고 있는데, 어느 누구도 이 같은 시설을 더 세우지 않는 것을 아쉬워한다.

고향의 집에서 만난 노인들 중에는 도쿄대학을 나온 아들 셋이 모두 북한에 가 있다는 할머니가 있었다. 나는 "편지는 자주 옵니까?"라고 물었다.

"그럼, 저희들은 잘살고 있으니 어머니 몸 건강하게 잘 지내라고…."

할머니의 눈에 문물이 번지기 시작했다. 흐느낌도 없이 계속 흐르는 눈물…. 어린아이처럼 작고 허약한 몸으로 그는 분단의 비극까지 짊어지고 있었다. 안내하던 고향의 집 직원이 말했다.

"저 할머니는 치매가 심한데 아들 편지는 잘 기억하세요. 저녁이 되면 쌀을 사다가 밥을 지어야 한다고 양로원을 헤매고 다니지요."

나라 없는 백성으로 일본에 살며 고생도 서러움도 많았을 그들…. 고향의 집은 그들의 고단한 황혼을 고향의 따뜻함으로 달래주고 있다. 고베에, 도쿄에, 오사카에, 후쿠오카에. 히로시마에, 더 많은 '고향의 집'이 세워지기를 빌면서 할머니, 할아버지들과 작별하였다.

〈張明秀. 편집위원, 일본 사카이에서〉

1997년 9월 11일 중앙일보

韓·日 합작영화도 안 되나

최근 한·일 합작영화《사랑의 묵시록》에 관한 상영논란이 일고 있다. 3천여 명의 한국고아를 맡아 키운 다우치 치즈코라는 일본인 여성의 일대기를 그린 실화 영화다. 한국 쪽에서 감독·촬영을 맡고 일본 쪽에서 제작과 배역을 맡은 사실상 첫번째 한·일 합작영화다. 이 영화가 일본에서는 상당한 호응을 얻고 있는데 비해 한국에서는 상영이 불허되고 있다.

지난 7일 한국과 일본의 지식인들이 한자리에 모인 한·일 포럼에서는 양국의 문화예술분야를 점진적으로 개방할 것을 양국 정부에 촉구하는 '서울성명'을 발표했다. 문화교류란 상호성에 입각한 쌍방향 교류여야 한다는 것은 원칙이다. 이 원칙에 입각해 한·일간 역사적 감정을 배려한 '단계적' 개방론을 주장하고 있다. 한·일간의 역사적 응어리가 아무리 깊다 해도 이젠 풀 것은 풀어야 한다는 시대 상황을 이 성명은 밝히고 있다.

바로 이런 관점에서 볼 때 한·일 합작영화에 대한 우리 정부의 불허입장은 너무나 고식적이고 현실안주적 정책결정이다. 지난해 일본색 짙은 영화《장군 마에다》는 제작사가 미국이라고 해서 허가했고, 이번《사랑의 묵시록》은 일본 자본에 일본 배우가 출연하니 일본영화라는 이유로 상영불허를 내리고 있다. 판단 기준도 모호하고 원칙도 불분명하다.

특히 일본 영화를 단계적으로 개방하려면 한·일 합작영화 방식이 가장 권장할 만한 절차라고 본다. 영화의 소재나 무대 또한 한·일간의 화해와 교류를 증진할 만한 내용을 담고 있다면 정부가 정책으로 권장할 만하다. 어느 나라 자본에 의한 것이냐는 잣대보다 양국 교류에 얼마나 긍정적으로 기여하느냐는 기준이 우선돼야 한다. 또는 저질 영화냐 아니냐는 판단이 일본영화 수입의 잣대가 돼야 한다.

문화상품이란 흘러들고 흘러가게 마련이다. 무조건 막는다고 막히는 게 아니다. 시중에 은밀히 판치는 일본 저질만화의 홍수가 그 단적인 예다. 막을 것은 막고 권장할 것은 오히려 정부가 앞장서 규제의 문턱을 허물어야 한다.

정부는 옹졸한 규제 위주의 문화정책에서 벗어날 때가 됐다.

〈사설〉

1997년 9월 19일 동아일보

韓日합작 휴먼 드라마《사랑의 묵시록》日서 상영

김수용 감독이 메가폰을 잡은 한일 합작영화《사랑의 묵시록》
이 지난달 30일부터 다음달 5일까지 일본 도쿄의 '3백인 극장'에
서 상영되고 있다.

《사랑의 묵시록》은 전남 목포에서 '고아의 어머니'로 널리 알
려진 일본 여성 윤학자의 휴먼 드라마를 다룬 작품.

윤학자는 일본의 조선 강점 시절인 38년 목포에서 '공생원'이
라는 고아원을 운영하는 한국인 청년 윤치호와 결혼, 한국과 인연
을 맺었다. 남편이 6·25 전쟁 중 실종되는 등 고통을 겪었지만
한국에 남아 68년 숨질 때까지 고아들을 돌본 여성이다.

주인공 윤학자 역은 일본 여배우 이시다 에리가, 윤학자의 남편
인 윤치호 역은 길용우가 맡았다. 정일성이 촬영을 담당했다.

95년 완성된 이 영화는 그동안 일본 내에서 시사회 등을 통해
14만여 명이 관람한 뒤 마침내 정식상영에 이르게 됐다.

제작사인 일본의 MT휴먼서비스는 당초 영화 완성 직후 한국
에서의 상영도 추진했으나, 마침 일본 정치인들의 과거사 망언이
터져나오는 등 대일 감정이 악화돼 실패했다.

1997년 11월 3일 조선일보

고아 3천여명 키우며 한평생. 일본 출신의 '목포어머니'

지난 31일 오전 10시 일본 시고쿠 남부 소도시 고치에선 30여 년 전 전남 목포에서 숨진 일본 여성을 기리는 기념비가 제막됐다. 목포로부터 한국인 2백 50여 명이 전세기로 날아와 2백여 고치 시민들과 함께 서서 제막식을 지켜봤다.

기념비는 고(故) 다우치 치즈코(한국명 윤학자) 여사를 기리는 것이다.

일제시대 총독부 관리였던 아버지를 따라 7살 때 한국에 건너가 6 · 25 후 3천여 전쟁고아들을 키워낸 인물이다. '목포의 어머니'로 칭송받던 그가 68년 병으로 숨지자 목포시는 시민장으로 장례를 치렀다. 장례식에는 3만여 조문객이 몰려 애도를 표했다.

세인들 기억에서 지워져 가던 다우치 여사는 95년 한편의 영화로 되살아났다. 김수용 감독이 그의 일대기를 영화《사랑의 묵시록》으로 만든 것을 계기로 고향 고치에서 '다우치 치즈코 기념비 건설 기성회'가 구성됐다. 모금운동이 벌어져 3개월만에 1천 2백만 엔을 모았다.

기념비는 다우치 여사 출생지에서 6백미터쯤 떨어진 곳에 섰다. 지난 6월 목포에서 원석을 들여다 앞뒷면에 '다우치 지즈코 탄생지'와 '사랑의 고향'이라 새겼다. 기념비 주위에는 그가 길러낸 고아들을 상징하는 자갈 3천여 개를 깔았다.

다우치 여사가 돌본 고아원 '공생원' 어린이들이 '고향의 봄'과 '목포의 눈물'을 부르는 가운데 기념비가 제막되는 순간, 아들 윤기(55·공생복지재단 회장) 씨 눈가에 눈물이 비쳤다.

공생원은 '거지 대장'으로 알려진 기독교 전도사 윤치호 씨가 1928년 목포에 건립했다. 윤 씨 뜻에 감동한 다우치 여사는 교사직을 버리고 공생원 보모를 자청했다. 10년 뒤 "돌았다"는 일본인들의 비아냥을 귓등으로 흘리며 윤 씨와 결혼했다. 51년 남편이 전쟁통에 행방불명되자 그는 혼자서 고아 3천여 명과 4남매를 길러냈다.

윤기 씨는 "고아들과 한 방에서 자고 먹으며 어린 시절을 보내나 스스로도 고아인 줄 알았다"고 말한다. 원망도 많이 했다. "어머니가 미워 밥에 모래를 뿌리기도 했지요. 동네 사람들이 어머니가 훌륭하다고 칭찬할 때는 우리를 팽개친 대가로 어머니가 존경을 받는다고 생각했습니다."

그런 윤 씨였지만 어머니가 세상을 떠나자 빚더미에 오른 공생원을 이어받았다. 그의 나이 스물 여섯 때였다. 82년 일본에 들렀던 윤 씨는 신문에서 재일교포 노인이 숨진 지 2주만에 발견됐다는 기사를 읽었다.

"교포 1세들은 대부분 어쩔 수 없이 일본 땅에 건너온 사람들입니다. 임종까지 혼자 쓸쓸히 맞는 노인들을 그냥 두면 안 된다고 생각했습니다." 백방으로 뛴 끝에 89년 오사카에 첫 재일교포 전용 양로원 '고향의 집'을 세웠다. 거동이 힘든 노인 80여 명을 보살피는 이 곳 운영비는 모두 일본 정부가 지원한다.

그는 요즘 일본 10개 지역에 재일교포 1천여 명을 수용할 양로원 짓는 일에 힘을 쏟고 있다.

〈고치＝김기청 기자〉

1999년 6월 14일 한국일보 뉴욕판

감옥보다 가기 싫은 일본인 양로원.
'고향의 집' 인기 높자 지역마다 건축추진

이민사회에서 가장 쓸쓸한 존재는 노인들이다. 노부모를 모시는 것이 도리라는 생각이 1세들 사이에서는 강하지만 현실은 다르다. 부부가 맞벌이하는 상황에서 노인이 거동이 불편해지거나 치매에라도 걸리면 양로원밖에 해결책이 없다.

그런데 그 양로원이 1세 노인들에게는 감옥만큼이나 싫은 곳이다. 일본음식만 먹어야 하는 일도 싫지만 일본말, 일본이름 쓰면서 일본인 행세해야 하는 것은 더 끔찍스럽다.

오사카부 사카이시에 있는 '고향의 집'은 노인들에게 한줄기 희망과 같은 곳이다. 무의탁 한국인 노인들을 무료로 보호하는 '고향의 집'은 정원이 80명에 불과, 수많은 다른 노인들과는 사실상 무관하다. 그럼에도 한국인들끼리 한국말 쓰고 김치 먹으며 온돌방에서 지내는 양로원이 있다는 사실은 노인들에게 큰 위안이다.

오사카시 도심에서 30분쯤 차로 달라면 전통 일본가옥들이 눈길을 끄는 사카이시 한적한 곳에 '고향의 집'이 있다. 지하 1층, 지상 5층의 옅은 회색 건물에 들어서면, "노인들 80명이 사는 곳인데 이렇게 조용하고 정갈할까?"가 첫인상이다. 1층에 대형 홀

등 공동시설이 있고 2층부터 5층까지 방들이 있는데, 노인들은 쾌적한 환경을 만족해하는 것 같았다.

'고향의 집'이 문을 열게 된 것은 1989년 11월. 한국노인들에게 '고향'처럼 안락한 시설이 설립되기까지의 긴 여정을 거슬러 올라가면 그 끝에 한 일본 여성이 있다는 사실은 역사의 재미있는 이면을 보게 한다.

'고향의 집' 설립자이자 현 이사장인 윤기 씨는 한국인 아버지와 일본인 어머니 사이에서 태어났다. 아버지 윤치호 씨는 고아원 '목포 공생원'을 운영하다 6·25때 실종되고, 어머니 윤학자 씨가 고아원을 맡아 운영했다. 윤학자 씨는 68년 사망하자 목포시가 시민장을 치를 만큼 목포 시민들로부터 사랑과 존경을 받았던 인물이다.

"어머니는 평생 한국말 쓰며 한국인으로 살던 분입니다. 그런데 그 어머니가 돌아가실 때는 일본말로 '우메보시(일본 짱아찌)가 먹고 싶다'고 하시더군요."

'뿌리는 속일 수 없다', 그렇다면 '재일 한국노인들은 얼마나 김치가 먹고 싶을까'라는 생각이 구체적 사업계획으로 연결된 것은 80년대 중반이었다. 재일교포 노인이 사망 후 2주만에 발견됐다는 뉴스를 본 윤 씨가 한국 노인 양로원의 필요성을 주장하는 글을 아사히 신문에 기고했다. 양로원 설립 취지에 호응하는 사람들이 모여 85년 후원회가 조직되고, 5년의 모금운동과 일본정부로부터 지원금을 얻어내기 위한 밀고 당기는 싸움 끝에 89년 '고향의 집'이 탄생했다.

현재 '고향의 집' 입소를 위해 기다리는 노인은 131명에 달한다. 제 2, 제 3의 '고향의 집' 건립의 필요성은 자명해졌다. 그 첫 사업으로 현재 '고베 고향의 집' 설립 사업이 추진되고 있다. 4년 전 고베 지진으로 한국인들이 심한 피해를 보면서 거처가 마땅치 않은 노인들이 많다. 건설위원장인 김기주 씨(민단 오사카본부 감찰위원장)에 의하면 오는 10월 착공, 내년 9월 개원 예정으로 모금 운동을 전개중인데 멀리 규슈 민단서도 후원금을 보내오고 있다.

한인노인 여생 돌보는 일본인 : 다우치 후미에 '고향의 집' 원장

고향 그리워 쓸쓸해 하는 한국 노인들에게 따뜻한 위안을 주는 사람은 의외로 일본여성이다. 다우치 후미에(50) '고향의 집' 원장, 윤기(56) 이사장의 부인인 그는 결혼 전에는 재일 한국인의 존재도 몰랐던 평범한 일본인이었다.

그가 '한국'이나 '재일 한국인'에 대해 눈뜬 것은 71년 윤기 씨를 만나고부터. 소셜워커로 일하던 오사카의 하쿠아이샤 고아원에 자매기관인 목포공생원 윤 원장이 방문한 것이 계기가 되었다. 서로 '첫눈에 반해' 친정의 반대를 무릅쓰고 72년 결혼, 목포공생원에서 한국생활을 시작했다.

"아무것도 모르고 시집갔지요. 한일관계도 한국에 가서야 알았어요."

그에게 가장 힘든 것은 8월이었다. 매년 8월이면 광복절 특별 프로그램들을 방영하는데 '한국에서' '일본인으로' 일본이 한국에 저지른 만행을 보는 일이 괴로웠다. 특히 딸 미도리(한국명 녹)가 "우리 할머니, 할아버지가 그런 나쁜 짓을 했느냐?"고 물을 때면 할 말을 못 찾았다. 아울러 목포시민들이 자신을 시어머니의 후계자로 여기며 거는 기대도 그로서는 감당하기 힘들었다.

그가 자신의 위치를 확실히 찾은 것은 '고향의 집'이 건립되고부터였다. 딸이 '조국'을 배우도록 일본에 건너온 직후 '고향의 집' 건립이 추진되었다.

"공생원에서는 아무 일도 못했는데 이제는 할 일을 찾았어요. 목포시민들이 시어머니께 아주 잘해주셨는데, 이제 그 은혜를 갚는 것입니다. 시어머니도 기뻐하실 거예요."

목포 日人처녀의 '고아사랑'

일제시대에 목포에서 조부모가 세운 고아원을 3대째 이어 운영하는 일본인 처녀가 7일 '제 1회 사회복지의 날' 을 맞아 보건복지부장관 표창을 받는다.

전남 유달산 기슭 '목포공생원' 원장 다우치 미도리(田內綠·29) 씨. 할아버지인 한국인 윤치호 전도사가 1928년 목포 주둔 일본군의 딸 다우치 치즈코(68년 작고) 씨와 결혼한 후 함께 운영하던 이 곳에서 다우치 씨는 96년부터 한국 고아 116명을 돌보고 있다.

"할아버지와 할머니는 일제시대에 어렵게 사랑을 했고, 사랑이 맺어진 것을 감사하는 마음으로 고아 3천여 명을 길러내셨답니다. 제 핏속에 흐르는 그분들 사랑이 저를 이 땅으로 이끌었나봐요." 다우치 씨는 "할머니 집안에서 자손들 국적을 모두 일본으로 한다는 조건으로 결혼을 승낙하는 바람에 우리 식구들은 모두 일본인으로 살았다"고 말했다.

하지만 이들 가족은 모두 한국 고아를 키우는 데 일생을 보냈다. 할머니인 치즈코 씨는 윤 전도사가 6·25 때 실종된 이후 홀몸으로 고아 3천 7백여 명을 키워냈고, 이후엔 아버지, 어머니와 고모가 운영해왔다.

인터뷰 도중에도 아이들에게서 눈을 떼지 않는 다우치 씨는 정들었던 아이들이 자라서 고아원을 떠나던 때를 떠올릴 땐 금세 눈시울을 붉혔다. "98년 겨울 고등학교를 졸업하는 아이가 서울 전문대학으로 떠나가면서 엉엉 울던 게 잊혀지지 않아요. 1년 뒤엔 서울의 한 미술관에 취직했다며 자격증 3개를 갖고 왔지요. '제 보물이에요. 어머니 덕분입니다' 라는데 어찌나 기쁘던지…."

목포에서 태어나 10살 때 한국을 떠났던 다우치 씨는 일본 도쿄의 숙덕(淑德)대학 사회복지학과를 졸업하고 미국 사우스캐롤라이나 주립대학에서 사회복지학 석사학위를 받았다. 그러면서 방학 때면 꼬박꼬박 서울에 와 은평천사원에서 자원봉사를 했다. 졸업 후 모교로부터 강단에 서달라는 요청을 마다하고 한국 고아들에게 왔다.

데이트 신청하는 목포 총각들을 설득해 후원자로 만들어 버리는 다우치 씨. 결혼계획을 묻자 "나를 세상에서 가장 필요로 하는 사람은 이 아이들뿐"이라고 대답했다.

〈목포=이경은 기자 eun@chosun.com〉

3대 걸친 한국사랑 또 하나의 결실

외롭고 가난한 한국인에게 3대에 걸쳐 남다른 사랑을 베풀어 온 다우치 집안의 정성이 또 하나의 결실을 맺었다.

일본 사회복지법인 '마음의 가족'의 다우치 모토이(59) 이사장이 설립을 추진해 온 재일 동포 노인들을 위한 특별양로원 '고향의 집 고베[神戸]'가 1일 준공됐다.

윤기(尹基)라는 한국 이름으로 더욱 유명한 다우치 이사장이 고베시 나가타[長田]구에 세운 이 양로원은 1989년 사카이[堺] 시에 설립된 '고향의 집'의 2호인 셈이다.

'고향의 집 고베'는 1995년의 고베 대지진이 중요한 계기가 됐다. 지진 당시 재일 동포들이 밀집, 합성가죽 구두 제조 등 가내 수공업에 종사했던 나가타구는 화재로 잿더미가 됐으며 가장 많은 이재민을 낳았다.

가건물 생활의 장기화로 노인들의 피난 생활이 심각한 사회문제가 됐다. 나가타구의 재일 동포 할머니들이 '고향의 집'을 방문해 "고베에도 이런 양로원을 세워 달라"고 다우치 이사장을 졸랐다.

12억여 원의 건립비중 절반을 일본 정부와 자치단체가 지원해 주었다. 나머지는 다우치 이사장의 뜻에 공감해 온 일본 독지가들의 정성으로 채워졌다.

'고향의 집 고베'에는 홀로 지내기가 불가능한 재일 동포 노인 100명이 새로 보금자리를 틀게 된다.

다우치 이사장은 영화 《사랑의 묵시록》의 주인공으로 목포 공생원 설립자인 다우치 치즈코 여사의 아들이다. 평생을 고아들을 위해 헌신, '목포 고아의 어머니'로 불린 어머니의 뒤를 이어 공생원을 지켜 왔다.

또 외동딸 미도리씨는 봉사 가업을 잇기 위해 사회복지학을 전공하고 서울의 사회복지시설 실습을 거쳐 공생원 원장에 취임해 화제가 되기도 했다.

〈고베＝황영식 특파원 yshwang@hk.co.kr〉

2001. 2. 10 동아일보

김치와 우메보시

'이수현 메아리'가 일본 열도에 아직도 이어진다. 남의 위기를 보고 목숨까지 던지는 한국 청년, 그는 일본인들이 자기 '안'을 들여다보게 했다. 서로에게 무관심한 이웃, 강아지는 따뜻하게 품어도 사람에겐 차갑고 멀어진 세태…. 그리고 일본 사람들이 바다 건너 한국과 한국인, 한일관계를 다시 생각해 보게 하는 실마리였다.

한신 대지진으로 유명한 고베의 나가타구에서도 1일 한 행사가 열렸다. '고향의 집'이라고 하는 노인 90명 수용 규모의 노인홈 (양로원) 준공식이었다. 고베시장과 중의원의원 두명, 그리고 재일 한국인들, 한국에서 간 사회복지 관계자 등 200여 명이 모인 자리였다.

'고향 땅이 여기서 얼마나 되나…/고향에도 지금쯤 뻐꾹새 울 겠네.' 노래를 부른 것은 어린 고아 14명이었다. 목포의 공생원에서 자라는 이들의 '원정' 합창에 사람들은 울먹였다. 노랫말의 사무친 울림에 교포들은 어쩔 수 없이 눈시울을 적셨다.

드라마보다 극적인 현실이 이런 것일까. 노래 부르는 고아들과 외롭게 죽어 가는 노인들에 얽힌 비화, 대한해협을 사이에 두고 70여년 동안 촘촘히 엮어진 영화 같은 실화, 생(生) 노(老) 병 (病) 사(死)에 얽힌 기구한 역사를 들어 보았다.

68년 목포에서 한 일본 여인의 죽음을 시민장으로 치렀다. 다우치 지즈코, 한국 이름 윤학자라는 이름의, 56세에 타계한 과부. 그는 '고아의 어머니'로 불렸다. 일본인 관리의 딸로 태어나 1919년 7세 때부터 총독부에 부임한 아버지를 따라 한국에 와서 자랐다.

처녀가 되어 윤치호라는 목포의 '거지 대장'(고아들을 보살핀다는 뜻에서 붙은 별명) 청년을 만난다. 윤치호는 고아들에게 음악을 가르치기 위해 선생이 필요했다. 윤이 목포여고에 있던 일본인 영어교사에게 이 사정을 말해 치즈코가 자원봉사자로 오게 되었다.

둘은 결혼에 이르렀고 42년 아들까지 낳았다. 아들 기(基)는 고아들과 꼭 같이 자고 먹으며 자랐다. 해방이 되고 일본인에 대한 미움과 보복을 피해 치즈코는 아들만 데리고 일본 부모집으로 귀향했다. 그러나 고아들과 남편을 잊지 못해 목포로 돌아온다.

6·25전쟁이 터졌다. 원장 윤치호는 고아들의 식량을 구하러 나간다며 떠난 뒤 영영 돌아오지 않았다. 남편이 돌아올 날을 기다리고 기다리며 치즈코는 고아들을 돌보았다. 궁핍한 전란기에 과부로서 수십명의 고아들을 거느리는 일이란…

그렇게 간난의 세월을 딛고 68년 임종에 이를 무렵 치즈코는 한국말을 잊어갔다. 본능으로 뇌리에 박힌 일본말을 되풀이하고 김치 대신 어려서부터 입맛들인 우메보시(매실장아찌)만을 찾았다. 아들은 그때 죽어가는 어머니에게서 일본인의 원형(原型)을 발견했다.

윤기 씨는 80년대 일본에 사는 한 노인의 비극적인 사망 기사를 읽었다. 홀로 사는 재일 한국인 노인이 외롭게 죽었으나 한달 가까이 이웃이 몰랐다는 기사였다. 윤 씨는 어머니 치즈코를 떠올렸다. '그 불쌍한 노인은 죽을 무렵 한국말을 하고 싶고 김치가 먹고 싶지 않았을까.' 그런 비극을 막고 소박한 꿈을 채워주는 '노인 홈'을 지을 수는 없을까.

아사히 신문에 그런 제언을 실었다. 공감하는 반응이 오고 어렵게 모금을 해 오사카 인근 사카이에 '고향의 집'(90명 수용)을 열게 되었다. 이어 오사카에도 작은 규모지만 오픈하고 이번엔 고베에서 준공을 보게 된 것이다. '김치와 우메보시를 골라 먹을 수 있는, 아리랑과 엔카를 모두 부를 수 있는 노인홈'들이다.

고베의 시설은 총 12억 엔 정도가 들었는데 고베시가 대략 절반을, 나머지는 모금으로 채웠다. 김용성 할머니(고베 거주)같은 이는 홀로 애써 벌어 모은 돈 5천만 엔을 넣기도 했다. 윤 씨의 희망은 이제 도쿄를 비롯한 일본 각지에 7곳쯤 더 '고향의 집'을 여는 것이다.

이날 행사에서 '고향 땅' 동요를 부른 고아들은 바로 윤치호가 만든 공생원 소속. 지금은 윤기 씨의 외동딸 윤록 씨가 운영중이다. 아이들의 노래는 '미래로'라는 일본 대중가요로 끝났다.

'발밑을 지켜보렴/이것이 네가 걸을 길/앞을 보렴/저것이 너의

미래/…/꿈은 언제나 하늘 높이 있어/이루지 못할까 두렵네/그래도 쫓아갈 거야/…미래를 향해/천천히 걸어가자'

박수가 길게 이어졌다. 두 나라의 미래를 곰곰 생각케 하는 노래에.〈김충식 논설위원 고베에서 seescheme@donga.com〉

사랑의 보따리

아버지가 살아 계시면 92세다. 1951년 광주 도청으로 고아들의 식량을 구하러 떠난 후 지금까지 행방불명이시다.

1928년 거리에서 전도를 하던 아버지 윤치호는 다리 밑에 떨고 있는 거지 아이들을 집으로 데리고 와서 함께 생활을 했다. 이것이 목포 공생원의 시작이다. 고아들의 수가 늘어나고 힘이 필요할 때 목포 정명학교 음악선생이었던 일본인 어머니 다우치 치즈코(한국이름 윤학자)가 도와주었다.

그러나 8·15 광복의 감격 속에서 아버지는 친일파로 몰렸다. 또 6·25 동란으로 인민군이 들어왔을 때는 인민재

판을 받았고, 국군이 들어왔을 때는 끌려가 스파이 혐의로 고생을 했다. 내가 아버지를 마지막으로 본 것은 50년이나 된다. 살아 계시리라는 희망을 안고 나는 지금까지 아버지를 기다리며 살아오고 있다.

아버지 없는 공생원을 지키면서 어머니가 얼마나 많은 고생을 했는지 모른다. 그리고 고아들 속에 나를 집어넣고 키우는 어머니를 얼마나 원망했던가….

어머니는 고생을 많이 하셔서 그런지 57세의 나이로 돌아가셨다. 일본인이었던 어머니를 목포시에서는 개항 최초의 시민장을 치러 명복을 빌어 주었다. 시민장은 국적보다 인간이 우선 한다는 정신을 나에게 가르쳐 주었다.

나는 어머니의 일생을 기록해 『어머니는 바보야』라는 책을 냈다. 이것이 원작이 되어 《사랑의 묵시록》이란 최초의 한일합작 영화가 제작되었다. 한국에는 개봉이 안 되었지만, 일본에서는 많은 사람들이 보고, 길이 남을 작품이라고 평가해 주었다.

26세 총각으로 공생원의 원장이 된 것이 어제 같은데 어느덧 33년의 세월이 흘렀다. 어머니가 돌아가시던 1968년 공생원은 빚더미에 올라앉은 난파선이었다. 그때 하나님은 내게 첫 번째 영감을 주었다.

"아버지 윤치호를 생각해라. 신념을 가져라."

부모님을 흉내낸 것은 아니지만, 나도 일본 여성과 결혼했다. 일본의 박애사라는 아동복지시설에 근무하던 여성이었다. 결혼 선물은 달랑 성경책 하나였으나, 아내가 기뻐해 준 것이 고맙다.

감사하게도 결혼기념으로 두 가지의 선물을 공생원에 할 수 있었다. 결혼 축의금과 아내의 지참금 그리고 장인의 도움을 얻어 목포 앞바다 고하도의 국유지 9만 평을 구입한 것이 그 하나이고, 황량하기 짝이 없던 공생원 뜰에 사철 푸름을 안고 있는 히말라야시다 1백 주를 심은 것이 또 하나였다. 그 고하도에 2005년쯤에는 다리가 연결된다니 꿈만 같다.

그 후 공생원이 서울특별시의 훈련 사업을 위탁 운영하게 되어 사회에 나가는 아동들의 손에 기술 한 가지씩을 들려 보낼 수가 있었다.

복지에 있어서 자립만큼 중요한 것은 없다고 배웠다. 이 훈련원이야말로 곳간 차에서 일등차로 가는 행복의 열차라고 기염을 토했다. 특히 삼성동 훈련원에서 드넓은 운동장을 갖춘 암사동의 새 건물로 옮겼을 때의 감격은 잊을 수 없었다. 그때 나는 하나님으로부터 또 하나의 영감을 받았다.

"만족하지 마라. 한국과 일본이 협력해서 아시아를 도우라."

그렇다. 이제 훈련원이라는 철길이 놓였다. 이 열차는 내

가 아니더라도 달릴 수 있지 않은가. 나는 미련 없이 원장
직을 그만 두었다.

1982년 우리 가족은 일본으로 갔다. 공생복지재단 도쿄
사무소를 개설하고 '마음의 가족' 운동을 펼쳤다. 산업화,
도시화, 핵가족화, 고령화, 기계화에 밀려 정든 고향, 따뜻
한 가정, 남을 생각하는 마음의 여유를 잃어버린 현대인들
을 위해 '마음의 가족'이라는 끈을 이어가는 일이다. 그것
은 가정의 따스함을 모르고 자라는 아이에게 꿈과 희망을
심어주고, 외로운 노후를 보내는 노인들에게 위로와 평안
을 주는 사랑운동이다.

경제대국이라는 일본에서 한 재일 한국인 노인이 돌아가
신 지 13일 만에 발견되고, 오사카에서는 6개월만에 발견
되는 사건이 일어나 재일 동포 사회에 큰 쇼크를 주었다.
이를 계기로 나는 일본 땅에 한국인 양로원을 세우려는 뜻
을 품었다. 많은 사람들이 불가능하다고 했다. 그러나 내
몸에는 뜨거운 피가 끓었다. 이에 많은 시민들이 힘을 모아
주었다. 덕분에 한국 전통 분위기를 가진 '고향의 집'이 일
본에서 최초로 탄생될 수 있었다.

일본 땅에 수만 군데의 복지 시설이 있지만, 한국 노인들
을 위한 시설은 1989년 문을 연 '고향의 집(오사카)'이
처음이다.

일본에 온 지 내년으로 20년이 된다. 회상해 보니 감개무량하다. 그 험준한 산들을 어떻게 넘어 왔는가. 그 험악한 바다를 어떻게 건너 올 수 있었는가. 땅 한 평 없는 신세로 일본의 어딘가에 재일 한국인 고령자들이 안심하고 노후를 보낼 수 있는 장소를 만들겠다는 꿈을 가지고 얼마나 동분서주했던가.

이제 '고향의 집'은 널리 알려졌다. 처음에는 반신반의하고 보고 있던 사람들이 지금은 줄을 서서 입소를 기다리고 있다. 고베 대지진으로 가혹한 피해를 입은 재일 한국인들은 그곳에도 이런 집을 지어 달라고 간절히 소망했다. 나는 멈추지 않고 달렸다. 또 많은 사람들의 선의가 모여들고 있다.

금년 2월 1일 준공의 환성이 터졌다. '고향의 집(고베)'의 완성이 알려지자 도쿄에서도 고향의 집을 지어 달라고 요청해 오고 있다. 나의 소원은 일본의 중요한 지역 곳곳에 한국인을 위한 노인 홈을 만드는 것이다. 그것은 꼭 꿈만은 아니다. 내가 여기서 중요시하는 것은 이웃을 돕는 정신이다.

그 동안 정말 긴 터널이었다. 어둠 속에서 절망했지만, 밝은 곳으로 나올 수 있는 행운의 기회에 감사한다. 언제나 단거리 선수처럼 달렸으나 결과적으로 긴 터널을 달려야하는 마라톤이었다. 잘도 숨이 끊어지지 않았다고 생각한다. 누군가가 내게 이렇게 말했다.

"너는 사랑의 보따리 같다. 조그마한 사랑을 모아 큰 보자기에 싸서 물건이 되게 하고 있다. 그것을 세상사람들이 평가한다."

이것이 내가 살아온 모습이라고 한다면 거지대장의 아들로서 영광스럽고 기쁜 일이다. 다시 세상에 태어난다면 부모님을 모시고 살아보고 싶다.

2001년 8월